개 피부병의 모든 것
THE ALLERGY SOLUTION FOR DOGS

숀 메소니에 지음 · 홍민기 옮김

책공장더불어

THE ALLERGY SOLUTION FOR DOGS : Natural and Conventional Therapies to Ease
Discomfort and Enhance Your Dog's Quality of Life
Copyright © 2000 by Prima Publishing, a division of Random House, Inc.

This translation published by arrangement with Three River Press, as imprint of the
Crown Publishing Group, a division of Random House, Inc.
All rights reserved

Korean translation copyright © 2015 by Bookfactory Dubulu
Korean translation copyright arranged with The Crown Publishing Group through
EYA(Eric Yang Aagency)

이 책의 한국어판 저작권은 EYA(Eric Yang Agency)를 통한 The Crown Publishing Group
과 독점계약으로 한국어 판권을 책공장더불어가 소유합니다.
저작권법에 의하여 한국 내에서 보호를 받는 저작물이므로 무단 전재와 복제를 금합니다.

개 피부병의 모든 것

THE ALLERGY SOLUTION FOR DOGS

추천사

❋

지난 5년 동안 반려인과 수의사들은 홀리스틱 수의학에 굉장한 관심을 쏟았다. 홀리스틱적이고 자연적인 치료를 통해 직접적인 효과를 본 사람들이 그들의 네 발 달린 가족인 반려동물에게도 이를 적용하고 싶어 했다.

반려동물을 포함한 가족 간의 상호작용은 가족 구성원의 건강과 행복한 삶에 큰 역할을 한다. 가족의 역동성이 깨지면 동물도 아프고 만성질환에 걸리게 된다. 그래서 반려동물과 사람의 건강을 위해 홀리스틱 수의사는 동물과 가족 사이의 조화를 치료법으로 이용한다. 가족 간의 행복한 관계는 가족의 건강과 행복을 유지하는 데 중요한 역할을 하기 때문이다.

홀리스틱 수의사는 "무엇보다도 환자의 심신에 해를 끼치지 않는다."라는 히포크라테스 선서 구절에 기초한다. 그래서 홀리스틱 수의사는 동물의 건강을 향상시키는 데 불필요한 약물 사용과 수술을 가능하면 피한다. 예를 들어, 예방접종은 특정 전염성 질환을 예방하는 데 도움이 되기는 하지만 매년 추가 접종은 필요하지 않을 수도 있다(광견병은 법률에 의해 매년 추가 접종이 필요하다). 12주령까지 접종한 기초 예방접종이 평생은 아니지만 수년 동안 예방 효과를 유지한다는 연구도 있다.

우리나라는 전염병 발생 빈도가 매우 높으므로 항체가 검사 후 추가 접종을 하는 등 예방접종에 대해서 주치의와 상의한다. - 옮긴이 홀리스틱 수의사에게 묻는 끈질긴 질문 중 하나는 "평생 상업용 사료만 먹여도 되나요?"이다. 최근 몇 년 동안 일부 상업용 사료가 지나치게 가공되고, 부산물이 많이 들어 있으며, 품질이 낮은 원료로 만들어지고 있음이 드러났다. 18년간의 임상 생활을 통해 나는 최고의 치료법은 상업용 사료 대신 신선하고 질 좋은 재료로 만든 가정식을 먹이는 것이라고 생각한다. 물론 천천히 점진적으로 바꿔 나가야 하겠지만 말이다.

완벽하게 잘 쓰인 숀 메소니에의 이 책은 동물을 건강하게 키우기 위한 균형 잡힌 방법을 알려 줄 것이다. 나는 진정한 홀리스틱적 수의학이란 주류 수의학과 대체 수의학의 장점을 취합한 것이라는 저자의 생각에 동의한다. 저자는 중요한 것을 놓치지 않고 동물의 건강관리를 위한 통합적인 방법을 제시하고 있다.

이 책뿐 아니라 저자의 다른 '내추럴 벳THE NATURAL VET' 시리즈도 동물을 보다 자연적으로 키우고자 하는 반려인은 물론 유용한 치료법에 대해 더 많이 배우고자 하는 수의사에게 도움이 될 것이다. 수의사인 나도 많은 보호자들이 저자의 '자연요법' 치료에 만족하고 있음을 확인했고, 나 또한 진료할 때 저자의 책에서 많은 도움을 받았다.

수의사 로버트 J. 실버

저자 서문

※

나는 전통적인 주류 수의학을 공부한 수의사이다. 1987년 텍사스 A&M 대학교를 졸업하고 수의사가 되었으며, 1991년에 텍사스 주 플레이노에 개, 고양이, 외래종 희귀동물을 진료하는 포앤드클로동물병원Paws & Claws Animal Hospital을 개원했다.

그런데 수년간 동물 환자를 일반적인 치료법으로 치료하면서 평생 치료를 받아도 호전되지 않는 그들에게 대체 수의학을 적용하면 상태가 좋아질 수 있을 거라는 확신이 들었다. 그래서 나를 찾는 동물 환자의 삶의 질을 향상시키고 싶은 마음에 대체 수의학을 받아들였다. 이런 나의 생각은 옳았다. 우리 병원의 침술 및 홀리스틱 동물건강관리 센터는 지역에서 유일하게 전통 수의학과 대체 수의학을 병행해서 치료하고 있다.

현재 나는 동물의 홀리스틱 건강관리holistic health care라는 단어를 알리기 위해《댈러스 모닝 뉴스》,《와일리 뉴스》등에 칼럼을 연재하고 있으며, 2년 동안 폭스 TV의〈당신의 반려동물을 위하여4 Your Pets〉라는 프로를 진행했다. 명망 있는 국제 저널인《수의학 포럼》위원직, 유일한 외래종 희귀동물 국제 월간지《희귀동물》의 창립자이자 편집장, 50만 반려인이 구독하는 잡지《도그 팬시》,《캣 팬시》의 홀리스틱 칼럼니스트, 천연 동물 제품 회사인 아워 펫Our Pets의 자문, www.planet-pets.com의 홀리스틱 수의사로도 활동하고 있다.

이 책은 '내추럴 벳' 건강관리 책 시리즈 중 하나이다. 나는 이 책을 통해 반려인들이 동물을 안전하고 자연적이며 보완적인 치료법으로 건강하게 돌볼 수 있기를 바란다.

나는 강연자, 컨설턴트, 저자로서 세계 각지의 수의사와 반려인에게 전체적인 관점의 홀리스틱 치료를 통해 어떻게 하면 동물이 건강하게 오래 살고, 의료비 지출도 줄일 수 있는지를 알리고 있다. 이런 노력이 동물 환자들이 건강하게 오래 사는 데 도움이 되기를 바란다.

천연 영양 보조제에 대해 이 책에서는 알레르기에 도움이 되는 다양한 천연 영양 보조제가 언급되는 데 가능한 한 객관성을 유지하고, 특정 제품을 홍보하지 않기 위해 노력했다. 수의사 각자의 경험에 따라 선호하는 제품이 다를 수 있다. 영양 보조제는 제품이 매우 다양하므로 주치의와 상의하여 반려동물에게 최선의 제품을 선택하기를 바란다.

차례 CONTENTS

추천사 4 저자 서문 6

프롤로그 홀리스틱 치료법 11

1장
알레르기 피부병 이해하기

올바른 진단 17 알레르기의 발생 19 알레르기 증상 21 스테로이드와 항생제의 장기 사용으로 2차 감염이 발생한 울피와 귓병이 계속 재발하는 지니 24

2장
알레르기로 오인하기 쉬운 피부병

로지의 가려움증 원인 찾기 여정 29 미세진드기(모낭충과 개선충) 32 벼룩과민증 39 다른 곤충에 의한 과민증 43 세균 감염 44 말라세지아 피부염 46 링웜(피부사상균감염증) 49 장내 기생충과민증 51 음식 알레르기 51 접촉성 피부염 58 약물과민반응 60 행동학적 문제 61 피부암 62 갑상선호르몬과 기타 내분비계 질환 62

3장
어떤 수의사에게 어떤 진료를 받을까?

홀리스틱 수의사 68 피부병 진료 과정 72 피부검사 76 실험실적 검사 78 피부생검(조직검사) 79 피부 스크래핑 검사 82 곰팡이 배양검사 82 우드 램프 검사 83 피부의 세포학적 검사 83 피부배양검사 84 식이요법 84 시험적 약물요법 85 영상진단 : 방사선검사(엑스레이) 85 혈액검사 86

4장
아토피 피부염의 일반적 치료법

잘못된 치료로 고생한 파샤 91 일반적 치료법 93 코르티코스테로이드 95 항히스타민제 102 탈감작요법 105

5장
아토피 피부염의 홀리스틱 치료법

장기 스테로이드 주사를 끊은 프레드와 에델 110 국소요법 111 영양보조요법 116
생식과 호르몬 제품 133

6장
그 밖의 보완대체 수의학

허브요법(생약요법) 137 침술요법 146 동종요법 150

7장
피부병을 예방하는 건강한 식단

개를 위한 최고의 식단이란? 159 상업용 사료 161
생식 바로 알기와 건강한 가정식 만들기 172
알레르기가 있는 개를 위한 추천 식단 178

8장
알레르기 유발물질 피하기

개의 알레르기 유발물질 역치 유지하기 186 알레르기 유발물질 회피요법 186

9장
피부병에 대한 이상적인 홀리스틱적 접근법

장기적인 접근법 192

참고문헌 194 찾아보기 198   역자 후기 202

※
일러두기

1. conventional medicine(therapy/treatment)은 문맥에 따라 주류 수의학, 전통 수의학 등으로 옮겼다.
2. 알레르겐(allergen)은 알레르기 유발물질(생체 내에서 특정 생리반응을 유발하는 물질), 안티겐(antigen)은 항원(면역반응을 유발시키는 물질로, 주로 병원성 물질)으로 번역했다.

프롤로그

홀리스틱 치료법

개에게 가려움증을 유발하는 원인은 수없이 많지만 가장 흔한 원인은 보통 피부 알레르기라고 부르는 유전성 염증 질환인 알레르기성 아토피 피부염이다. 이 책에서는 홀리스틱 관점에서 알레르기 치료법에 대해 다룬다. 하지만 홀리스틱 내용만을 다룬 여타 홀리스틱 책과는 달리 아토피 피부염이 있는 개에게 가장 많이 적용되는 전통 수의학적 치료법과 대체 수의학적 치료법을 모두 객관적으로 다루었다.

  이 책이 다양한 치료법 중에서 반려인이 최선의 선택을 할 수 있도록 좋은 길잡이가 되기를 바란다. 물론 동물병원의 수준 높은 진료를 이 책이 대신할 수는 없다. 가려움증의 원인이 잠재적으로 심각한 질병일 수도 있기 때문에 동물병원을 찾아서 수의사와 상담하여 정확한 진단을 받아야 한다. 이 책은 반려인과 수의사가 함께 최선의 선택을 하기 위한 출발점으로 삼으면 좋을 것이다.

홀리스틱적 사고

홀리스틱 서적에 주류 수의학적 치료법에 대해 다루는 내용이 있어서 의아해할지 모르겠지만 사실 이는 서로 모순되는 내용이 아니다. '홀리스틱holistic'이란 '동물을 전체적으로 바라보고, 동물에게 가장 이익이 되는 것을 행하는 것'을 의미한다. 아픈 개에게 도움이 되는 방법을 찾으려면 수의사와 반려인 모두 홀리스틱적 사고를 가져야 한다. '홀리스틱적 관리'란 사고방식이기도 하기 때문이다. 홀리스틱 수의사와 반려인은 단편적인 증상만이 아니라 개의 모든 것을 전반적으로 볼 수 있어야 한다.

홀리스틱적 사고는 모든 선택 사항을 고려해서 개를 위한 최선의 선택을 할 수 있도록 돕는다. 알레르기로 고생하는 개의 가려움증과 염증을 완화시켜 주려면 대체 수의학만 고집할 것이 아니라 때로는 주류 수의학의 도움을 받을 수도 있다고 시야를 확장해야 한다. 주류 수의학을 현명하게 이용한다면 이 역시 홀리스틱적 사고이다. 그래서 이 책은 반려견의 건강을 위해 주류 수의학과 대체 수의학을 적절하게 이용하는 법을 알려 줄 것이다.

열린 마음으로 생각을 바꾸고 홀리스틱적 마음을 가지는 것은 동물에게 도움이 된다. 핵심은 반려동물의 건강에 이익이 되는 것만 생각하자는 것이다. <u>고려하는 모든 치료법에 대해서 '이것이 개를 위한 최선인가?'를 늘 자문해야 한다.</u> 홀리스틱적 자세를 갖는다는 것은 단지 하나의 증상에만 집중하는 것이 아니라 동물의 삶 전체를 바라보는 것이다. 그런 맥락에서 홀리스틱적 관리의 목표는 치료가 아니라 예방이다. 홀리스틱 수의사로서 나는 증상이나 질병을 치료한다는 표현보다 '동물을 치료한다.'라는 표현을 더 좋아한다. 궁극적으로 이런 식의 접근이 동물의 건강에 도움이 된다.

대체요법, 보완요법, 자연요법

피부병을 앓는 개를 치료하는 방법에는 여러 가지가 있다. 그러나 어떤 방법을 선택하든 모든 개에게 적용되는 '최고'인 선택은 없다. 모든 동물은 서로 다르므로 치료도 개체에 따라 달라야 한다. 그래서 나는 진료를 시작할 때마다 반려인과 이런 철학에 대해 이야기를 나눈다.

"제가 다른 개를 치료했던 방법이 당신의 개에게는 별로 효과가 없을 수도 있습니다."

당연히 반려인 또한 제각각이며 그들이 원하는 것이나 지출 가능한 비용도 다르다. 비용은 걱정하지 말고 할 수 있는 모든 것을 해보자고 말하며 시간적인 여유와 관심이 있는 반려인이라면 다양하고 특별한 치료를 시도해 볼 수 있다. 게다가 동물까지 진료에 협조적이라면 금상첨화이다.

반면 어떤 반려인은 대체 수의학에 대해 잘 알지 못하고 전통 수의학적 장기 약물치료를 그다지 꺼리지 않는다. 또 어떤 반려인은 모든 약물치료를 거부하고 오로지 대체 수의학적 방법만 요구하는 경우도 있다.

<u>대체 수의학은 주류 수의학의 치료를 대체할 수 있는 치료법으로 영양보조요법, 허브요법, 동종요법, 침술요법 등이 있다.</u> '보완요법complement theraphy'은 '대체요법alternative theraphy'과 혼동되어 사용되곤 하는데 의미가 정확히 같지는 않다. '대체'는 무언가를 대신한

다는 의미이지만 '보완'은 표준적인 무언가를 보완한다는 말로 대체한다는 절대적인 의미는 아니다.

홀리스틱 수의사들은 대부분 두 가지 요법을 모두 사용하지만 '보완요법'이라는 단어를 더 선호한다. 보완요법으로는 주류 수의학의 치료에 병행하여 사용할 수 있는 침술요법, 동종요법 등이 있다. 반면 '자연요법natural care'은 주류 수의학적 약물치료를 전혀 하지 않는다는 의미라고 이해하면 된다.

보완적 치료법과 그에 관한 연구

보완적 치료법에 관한 책을 쓰면서 어려운 점 중 하나는 이런 치료가 실제로 효과가 있음을 증명하는 연구 결과를 찾는 것이다. 주류 수의학의 약물에 관한 방대한 자료와는 달리 보완적 치료법에 관한 자료는 아직 많지 않다. 가장 큰 이유는 재정적인 문제 때문이다. 제약회사는 회사의 이익을 위해 막대한 비용과 노력을 쏟아 붓는다. 수백만에서 수천만 달러에 이르는 엄청난 금액의 연구비를 지원하여 위약대조군시험(효과를 기대하는 약과 가짜약을 주고 효과를 비교하는 시험), 이중맹검시험(환자와 의료진 모두 시험약과 가짜약 여부를 모르고 진행하는 시험) 등을 통해 연구 결과를 얻는다.

그러나 보완요법 약물을 생산하는 업체들은 대부분 자본이 풍부하지 않다. 설사 그런 자본이 있다 해도 제품을 통해 큰 이익을 남기기도 쉽지 않다. 왜냐하면 많은 보완요법 약물의 원료가 허브와 같은 천연 제품이기 때문에 특허를 출원할 수도 없고, 특허가 없어서 재정적인 효과를 기대할 수도 없기 때문이다. 자주 이용되는 또 다른 보완요법인 동종요법도 특허가 없기는 마찬가지이다. 이런 이유로 보완요법으로 피부병에 걸린 개를 치료하는 체계적인 자료를 쌓기가 어렵다.

왜 이중맹검시험, 위약대조군시험과 같은 검사가 필요할까? 이 검사들은 의사와 반려인 모두 치료약에 '활성물질'이 들어 있는지 가짜약이 들어 있는지 모른 채 이뤄진다. 둘 다 모른 채 진행되는 시험이기 때문에 '이중맹검'이란 용어를 사용한다. 가짜약을 먹고도 상태가 나아지는 경우가 있기 때문에 약 투여에 반응을 보인 동물과 활성물질 투여에 반응을 보인 동물을 통계적으로 비교할 필요가 있는 것이다.

이런 종류의 연구를 통해 치료법의 효과를 입증해야 하는데 보통 신약은 정부의 승인을 얻기 위해 항상 이런 과정을 거친다. 하지만 보완적 치료법은 대부분 이런 연구가 부족하기 때문에 주류 수의학 수의사들로부터 비판을 받는 빌미가 된다.

내가 사용하고 책에서 추천하는 보완적 치료법은 내가 직접 진료하면서 경험한 것과 다른 홀리스틱 수의사의 임상 경험을 통해서 얻은 것이다. 이전의 홀리스틱 수의사들이 그랬던 것처럼 나도 수년간 이런 방법으로 치료해 왔고 결과를 직접 눈으로 확인했기에 이런 치료법이 효과가 있다고 말할 수 있다. 물론 이런 경험적 증거는 이중맹검시험이나 위약대조군시험만큼 객관적이지 못하다. 특히 몇 가지 요법을 병용하여 사용하는 경우 더욱 좋은 효과를 나타내지만 이런 경우 어떤 요법의 어떤 성분이 효과를 나타냈는지를 증명하기가 어렵다.

피부병에 걸린 동물에 대한 나의 보완적 치료법은 사람을 대상으로 한 과학적 문헌에서 추론한 것도 있다. 이 책 전체에 걸쳐 소개하고 있는 많은 예시는 사람에게서 효과를 보거나 입증된 것이다. 그러나 동물에서의 효과가 보증된 것은 아니므로 사람을 대상으로 한 자료를 무조건 일반화하여 동물에 적용해서도 안 되며 사람들에게 효과가 있다고 동물에게도 효과가 있을 것이라고 생각해서도 안 된다. 그러므로 이런 치료에 대해서는 반려인이 혼자 판단하면 안 되고 반드시 수의사와 상의해야 한다.

동반자적 접근법

이 책의 목적은 반려인에게 해박한 수의학 정보를 제공하여 가려움으로 고통 받는 개를 관리하는 데 도움을 주기 위해서이다. 이 책에는 개에게 가려움증을 일으킬 수 있는 원인과 동물병원을 방문했을 때 받을 수 있는 치료에 관한 내용이 들어 있다. 그래서 반려인이 개의 증상을 유심히 관찰한 후 수의사에게 어떤 질문을 해야 할지 알려 준다. 그런 것이 정확한 진단을 받는 데 도움이 될 것이다.

개의 피부병에 관한 일반적 요법과 보완적 요법을 모두 다루고 있으므로, 이를 공부한 후 반려인이 홀리스틱적 관점에서 개를 위해 최상의 결정을 내려야 한다. 식이요법과 피부병 예방법 등의 정보는 개의 피부를 건강하게 관리하는 데 큰 도움이 될 것이다. 반려인과 주치의가 함께 공부하면서 해답을 찾는 과정을 통해 개는 피부병으로 인한 고통을 줄이고, 행복하고 가려움 없는 삶을 즐길 수 있을 것이다.

CHAPTER 1

알레르기 피부병 이해하기

개가 외견상 피부에 아무 문제가 없는데도 계속 몸을 긁는다면 알레르기일 가능성이 높다. 아토피(알레르기성) 피부염은 개에게 가장 흔한 피부병 중 하나이다. 홀리스틱적 방법으로 관리를 하고자 한다면 최신 치료 경향을 잘 알고 있는 홀리스틱 수의사를 찾아야 한다. 하지만 이보다 먼저 가려움증의 원인이 알레르기에 의한 것인지부터 확인해야 한다.

올바른 진단

피부 알레르기는 전문 용어로 짧게 아토피atopy라고 부르는 아토피 피부염이다. 아토피란 꽃가루, 곰팡이, 잡초, 집먼지진드기 등 우리 주변에 흩어져 있는 단백질 성분의 알레르기 유발물질에 대해 과민반응을 보이는 유전성 염증 질환이다. 알레르기가 없는 개들은 이런 알레르기 유발 물질에 아무런 반응을 나타내지 않지만 알레르기가 있는 개들은 쉽게 임상 증상을 나타낸다. 대부분 임상 증상, 병력, 코르티코스테로이드제 corticosteroids나 항히스타민제에 대한 반응 등에 근거하여 아토피 피부염 진단을 내린다.

나를 비롯해 많은 수의사는 피부 알레르기 치료에 어려움을 겪는다. 그러다 보니 가려워하는 개에게 정확한 진단을 내리는 데 실패하기 일쑤이다. 여러 검사를 하다 보면 의료비가 올라 보호자에게 경제적 부담이 될 수 있기 때문이다. 하지만 정확한 검사 없는 알레르기 진단은 코르티코스테로이드 등의 약제를 이용해 가려움증이나 피부발진을 일시적으로 가라앉히는 것 외에는 방법이 없다. 이렇게 처방한 후 그저 심각한 부작용이 나타나지 않기만을 바라는 것은 제대로 진단하고 치료하지 못한 것에 대한 변명일 뿐이다.

피부 알레르기가 개에서 만성적인 가려움증을 일으키는 가장 흔한 원인은 맞지만 세균이나 링웜 같은 곰팡이균에 의한 감염, 진드기 등 기생충, 면역계이상, 말라세지아(효모) 피부염, 접촉성 피부염, 피부암, 갑상선기능저하증, 쿠싱병(부신피질기능항진증)과 같은 내분비이상 등의 다른 질병에 의해서도 지속적인 가려움증은 발생할 수 있다. 또한 아토피 피부염 외에도 음식 알레르기나 벼룩 알레르기 같은 알레르기 질환도 원인이 될 수 있는데 이런 여러 원인에 대해서는 2장에서 자세히 다룰 것이다.

여러 검사를 통해 정확한 진단이 내려질 때에만 수의사는 만성적인 가려움증의 진짜 원인을 찾아내서 적합한 치료를 할 수 있다. 그러므로 지속적인 가려움을 호소하는 만성질환은 치료에 앞서 반드시 정확한 진단이 선행되어야 한다.

너무 많은 동물이 만성적인 알레르기 치료를 위해 수개월에서 수년에 걸친 약물(주로 스테로이드와 항히스타민제) 투여로 잠재적인 위험에 노출되는 것은 우려되는 점이다. 내가 보완적 치료법에 관심을 갖게 된 계기가 바로 이 문제였다. 안전하고, 장기간 적용이 가능하며, 효과도 뛰어난 알레르기 치료법을 알아내고 싶었지만 전통 수의학에서 그 해답을 찾기 못했기 때문이다.

매달 어김없이 '알레르기 주사'를 맞거나 약을 받으러 오는 동물 환자를 볼 때마다 나는 좌절에 빠졌다. 그런 치료는 가려움증을 몇 주 동안 완화시켜 줄 수는 있지만 곧 다시 병원을 찾아와 더 많은 약을 처방받아야 할 테니까. 장기 복용 시 수명을 단축시킬 수도 있고, 식욕 증가, 음수량 및 배뇨량 증가, 체중 증가 등의 부작용이 있는 스테로이드에 대한 의존도를 낮추기 위해 필사적으로 노력했지만 전통 수의학에서는 완전한 해법을 찾을 수 없었다. 그러다가 마침내 다양한 대체 수의학에 눈을 떴고 나를 찾는 동물 환자를 도울 수 있게 되었다. 비로소 임시방편의 증상 완화가 아니라 실질적으로 치료를 해 줄 수 있게 된 것이다.

알레르기의 발생

아토피 피부염은 유전성 질환으로 아토피를 앓은 개의 자손들은 피부 알레르기 발병 가능성이 높다. 때문에 아토피가 있는 개는 번식시켜서는 안 된다. 케언테리어, 샤페이, 웨스트하이랜드화이트테리어, 스코티시테리어, 달마시안, 퍼그, 아이리시세터, 라사압소, 시추, 와이어헤어

드폭스테리어, 보스턴테리어, 골든리트리버, 복서, 잉글리시세터, 래브라도리트리버, 미니어처슈나우저, 벨지안테뷰런 등이 아토피에 취약한 유전적 소인을 가진 품종이다. 또한 연구에 따르면 수컷보다 암컷에서 발생률이 더 높다. 그러나 품종과 관계없이 아토피 피부염은 모든 품종에서 발생한다.

연구에 따르면 알레르기는 보통 1~3살의 개에게 많이 나타나는데 정확히 표현하면 알레르기는 지속적으로 알레르기 유발물질에 노출된 1~3살의 개에게서 발생한다는 표현이 맞다. 만약 알레르기 유발물질이 거의 없는 환경에서 살고 있다면 유전적으로 취약한 개라 해도 알레르기가 발생하지 않기 때문이다. 그러나 미국의 텍사스처럼 알레르기 유발물질이 많은 환경으로 이사를 간다면 새로운 환경에 노출되고 1~3년 이내에 알레르기 증상을 보일 수도 있다.

그러나 알레르기 유발물질에 꾸준히 노출된 1~3살의 개가 나이가 들어서도 알레르기 증상을 보이지 않는 경우도 있고, 몇 개월도 안 된 어린 강아지에게서 알레르기가 발생하기도 한다. 그러므로 알레르기가 1~3살의 개에게 많이 나타난다는 연구 결과는 참고할 수는 있지만 절대적으로 적용된다고 할 수는 없다.

반려인이 자신의 개의 알레르기가 치료될 수 있냐고 물으면 나는 보통 "아니오."라고 대답한다. 물론 드물게 완치되는 경우가 있지만 대부분 알레르기 유발물질이 거의 없는 환경으로 이사 가서 임상적인 증상이 나타나지 않는다고 하더라도 겉으로만 '치료'된 것일 뿐 의학적으로는 증상이 발현되지 않고 있는 여전히 '알레르기 상태'이기 때문이다.

> ### ❖ 알레르기는 어떻게 발생할까?
>
> 알레르기가 있는 개에게 나타나는 가려움증, 염증 증상은 주변의 알레르기 유발물질과 접촉한 항체(알레르기 유발물질과의 접촉에 반응하여 백혈구가 만들어 내는 단백질)가 염증 전구물질(어떤 화학물질로 전환되기 이전 단계 물질)을 분비시켜 발생한다. 알레르기가 있는 개는 항원 특이성을 가진 IgE 항체를 생산해 내는데(IgG를 함께 생산하기도 한다), 이 항체들은 주요 알레르기 반응인 제1형 과민반응을 일으킨다.
>
> IgE 항체는 곰팡이, 사람의 비듬, 벼룩, 집먼지진드기, 꽃, 잡초, 꽃가루 등 주변 환경에 흩어져 있는 알레르기 유발물질에 노출되어 생산된다. IgE 항체는 비만세포(mast cell)라는 세포에 붙는데, 이후에 다시 동일한 알레르기 유발물질에 노출되면 항원이 이 결합체에 달라붙는다. 항원이 부착된 결합체는 반응이 없거나 반응을 일으켜 '파열'되어 세포와 세포막 내에 있던 히스타민(histamine), P물질, 브래디키닌(bradykinin), 프로스타글란딘(prostaglandin) 등의 다양한 화학물질을 분리한다. 이런 화학물질에 의해 염증, 가려움증이 유발된다.

알레르기 증상

가려움증은 아토피 피부염의 가장 두드러진 증상이다. 피부가 붓고 빨갛게 되는 피부 자체의 문제와 함께 끊임없이 긁어서 생긴 상처를 통해 세균이나 곰팡이의 2차적 감염 등 또 다른 문제가 발생할 수 있다. 경우에 따라서는 아토피 피부염에 의해 만성적인 외이염(귓병), 콧물, 설사 등의 증상이 나타나기도 한다.

 아토피가 있는 개의 대다수는 계절의 영향을 받는데 자신에게 특이성이 있는 알레르기 유발물질이 많이 나타나는 계절에 증상이 심해진다. 예를 들어 내가 사는 텍사스 지역에서 흔히 볼 수 있는 우산잔디 Bermuda grass에 알레르기가 있는 개는 보통 풀이 나기 시작하는 봄에 증상이 나타나기 시작한다. 그러나 정도의 차이가 있을 뿐 알레르기가 있는 대부분의 개는 일 년 내내 알레르기 증상을 보인다.

외견상 피부에 아무런 문제가 없어 보이는데도 개가 가려움증을 호소하면 아토피 피부염을 의심해 봐야 한다(조금만 긁어도 피부가 붉게 변하는 잉글리시불도그는 예외이다). 아토피 알레르기는 처음부터 심한 가려움을 유발하는 경우가 드물다. 따라서 심한 가려움을 유발하는 다른 피부 질환과의 구별이 쉽다. <u>갑작스럽게 심한 가려움을 호소한다면 옴(개선충)이나 벼룩, 음식 알레르기 등을 의심해 봐야 한다.</u>

시간이 지남에 따라 만성적으로 변한 가려움은 피부에 상처를 남기거나 2차 감염을 일으킨다. 때문에 만성적 알레르기가 있는 개의 피부는 분홍색, 붉은색, 갈색으로 짙게 변한다(만성 염증 초기에도 피부가 분홍색이나 붉은색으로 변색되는 것을 관찰할 수 있다). 개의 타액이 피부와 털에 묻어서 갈색으로 변하기도 하고, 밝은 털색의 개가 지나치게 핥아서 갈색으로 변하는 경우도 흔하다. 피부가 검게 변하는 '색소과침착 hyperpigmentation'은 외상, 염증 등이 반복되어 만성적으로 피부 자극을 받으면 발생한다.

다수의 아토피가 있는 개는 벼룩 알레르기, 만성 세균 감염도 갖고 있다. 알레르기가 있으면 만성 피부 감염이 매우 흔하므로, 만성 피부 감염일 때 아토피인지 갑상선기능저하증과 같은 내분비계이상, 그외 간과하기 쉬운 다른 질병인지 식별해 내야 한다. 알레르기성 피부는 정상적인 피부가 아니기 때문에 2차 감염의 위험이 크다. 가장 흔한 감염원인 포도상구균은 붉은 종기나 여드름 같은 작은 농포를 발생시키고, 이것이 터지면서 딱지가 형성되기도 한다.

효모균에 의한 2차 감염도 점점 늘어나고 있는데 대부분 말라세지아라는 효모균에 의해 발생한다. 효모균에 감염되면 일반적으로 매우 가렵고, 기름기 있는 노란 각질이 생기며, 피부가 빨갛게 되고, 냄새가 심하다. 효모균 감염은 종종 오진되는 경우가 있는데 이런 증상을 보일 경우 반드시 의심해 봐야 한다.

알레르기가 있는 개 중 일부는 콧물, 눈물, 천식(쌕쌕거림), 구토, 설사 등 피부 외적인 증상을 비전형적으로 보이기도 한다. 사람의 알레르기는 전형적으로 눈물과 콧물 증상을 보이는 경우가 많지만 동물의 알레르기는 이런 증상이 흔치 않다. 그런데 나는 지난 몇 년 동안 아직 수가 많지는 않지만 알레르기에 의한 재채기, 눈물, 콧물을 호소하는 개들이 증가하고 있음을 보았다. 이런 경우 종종 상부호흡기 감염으로 잘못 진단되어 항생제 처방을 받기도 한다. 그러므로 이런 증상을 보인다면 혹시 가벼운 알레르기성 비염이 원인이 아닌지 의심해 봐야 한다(알레르기일 경우에는 맑은 콧물이 난다).

안타깝게도 아토피가 있는 개는 귀, 피부에 만성 감염이 있는 경우가 많다. 간혹 아토피나 음식 알레르기 등 만성 알레르기가 있지만 피부는 멀쩡하고 만성 외이염 증상만 호소하는 개도 있다(피부의 문제는 없이 만성적인 귓병만을 가지고 있다는 뜻). 정상적인 개는 피부, 귀의 감염이 쉽게 재발하지 않는다. 만약 개가 만성질환에 시달린다면 아토피, 음식 알레르기, 갑상선 질환이나 부신 질환 같은 면역에 문제가 있는 건 아닌지도 의심해 봐야 한다.

> ### ❖ 알레르기가 있는 동물의 예방접종
>
> 예방접종 성분을 포함해 모든 종류의 단백질은 아토피가 있는 개의 섬세한 균형 상태에 영향을 주어 가려움증을 유발할 수 있다. 때문에 예방접종 시 주의해야 한다. 나는 알레르기가 문제를 일으킨 상태에서는 예방접종을 하지 않고 우선 체내 면역체계가 균형을 되찾고 건강한 상태를 유지할 수 있도록 한 뒤 예방접종을 한다. 알레르기가 있는 동물은 항체가 검사를 통해 특정 질병에 대한 항체가를 검사하여 예방접종의 필요성을 확인한 후 접종하는 것이 바람직하다.
> 항체가 검사란 특정 전염성 질환에 대한 항체 형성 수준을 측정하는 방법으로, 일정 수준 이상의 항체가를 유지하고 있는 경우 추가 예방접종이 불필요할 수도 있다. - 옮긴이
> 나는 예방접종할 때면 영양 공급을 늘리고, 간기능을 강화시켜 해독 작용을 돕고, 면역기관에 힘을 실어 주는 영양 보조제를 처방한다. 만약 개가 예방접종 알레르기 반응을 보인다면 다음번 예방접종은 반드시 수의사와 상담하여 결정해야 한다. 항체가 검사에 대한 자세한 내용은 저자의 《개와 고양이를 위한 자연 건강 지침서(Natural Health Bible for Dogs & Cats)》(2001)를 찾아본다.

스테로이드와 항생제의 장기 사용으로
2차 감염이 발생한 울피와 귓병이 계속 재발하는 지니

울피는 성격이 명랑한 3살 된 페키니즈로 처음 내원했을 때 온몸에 털이 거의 없고 피부는 기름기로 끈적거리며 지독한 냄새가 났다. 울피의 반려인은 간절하게 도움을 요청했다. 이전 병원의 수의사는 알레르기로 진단하고 매달 약효가 장기간 지속되는 스테로이드 주사를 놓았다. 그러나 시간이 지나면서 울피는 털이 빠졌고, 피부가 지루성으로 변했으

며, 피부에서 냄새가 나기 시작했다. 그러자 수의사는 다시 '피부 감염'을 치료하기 위해 기존 스테로이드 처방에 항생제를 추가했다.

울피를 치료했던 수의사는 피부 이상의 원인을 정확히 검사하지 않았던 것으로 보였다. 나는 진드기 검사를 위해 피부 스크래핑 검사(피부를 긁어서 현미경으로 검사하는 방법), 효모와 세균 감염 확인을 위한 피부 세포학 검사(면봉에 병변부의 피부 조직을 긁은 것이나 분비물 등을 묻혀서 현미경으로 검사하는 방법), 갑상선 질환의 감별을 위한 혈액검사를 실시했다. 검사 결과 피부 스크래핑 검사와 혈액검사 소견은 정상이었고, 현미경 검사에서는 소수의 말라세지아 효모균이 확인되었다. 효모균 감염은 코르티코스테로이드와 항생제의 장기 사용과 근본적인 알레르기 치료의 실패에서 온 2차 감염일 가능성이 컸다.

울피의 만성적인 병력과 심각한 피부 상태를 고려할 때 치료가 쉽지 않을 것 같았다. 일단 약욕 샴푸를 처방하고 효모균 감염을 완화시키기 위해 식초를 섞은 물로 헹구어 주었다. 사료도 천연 제품으로 바꿨고, 다량의 영양 보조제도 처방했다. 일부 수의사들은 말라세지아 감염 치료에 무조건 케토코나졸 등 잠재적인 독성 가능성이 있는 약물을 사용한다.
최근에는 이트라코나졸 등 간독성이 낮고 안전성이 높은 항진균제를 사용하는 경우가 크게 늘었다. – 옮긴이

하지만 내 경험에 따르면 질 좋은 영양 성분이 가득한 식단으로 바꾸고 거의 매일 목욕을 시키고 식초 섞은 물로 헹궈 내는 것만으로도 상태가 호전되기도 한다. 한 달 뒤 울피가 다시 내원했을 때는 상태가 크게 호전되었다. 알레르기 증상이 재발될 때면 가끔씩 코르티코스테로이드

가 필요하기는 했지만 울피는 지금까지 건강히 잘 지내고 있다.

5살의 사랑스런 골든리트리버 암컷인 지니의 경우 2년간 반복적으로 재발하는 귀 감염이 문제였는데 기존 치료 방법으로는 전혀 효과가 없는 상태였다. 반려인과 대화를 해보니 오랜 기간에 걸쳐 다양한 약물을 투여해 왔는데 약을 먹일 때는 상태가 좋아지지만 약을 끊고 몇 주가 지나면 다시 귀에 감염이 발생했다. 흔히 듣던 이야기라 놀랍지도 않았다.

지니의 반려인에게 들은 또 다른 이야기 역시 예상대로였다. 감염의 원인을 찾기 위한 진단이 제대로 이루어지지 않았던 것이다. 귀 감염을 제대로 치료하려면 가장 먼저 원인을 찾아야 한다. 내 경험에 비추어 볼 때 귀의 감염은 대부분 말라세지아 감염에 의한 문제였고, 일부는 세균 감염에 의한 경우였다. 많은 반려인은 귀에 문제가 생기면 귀진드기가 아닐까 걱정하는데 사실 어린 개나 어린 고양이, 방치된 동물을 제외하면 귀진드기 감염은 발생 빈도가 그리 높지 않다.

염증이 생긴 지니의 외이도에 들러붙은 분비물을 면봉으로 채취해서 현미경 검사를 해보니 말라세지아가 관찰되었다. 지니의 귀는 통증이 심한 염증 상태였으므로 일단 진정 처치(마취보다 약한 정도의 처치)를 한 뒤 귓속을 세정하고 더 세밀한 검사를 실시했다. 지니의 반려인은 이전 병원에서는 한 번도 귓속을 완전히 세정한 적이 없다고 했다. 하지만 귓속을 제대로 세정하지 않는 것은 치료에 실패하는 주 원인 중 하나이다. 귓속이 고름으로 가득 찬 상태에서는 어떤 약도 약효를 제대로 발휘할 수 없으므로 꼭 귓속을 깨끗하게 세정해야 하고 지니처럼 통증이 심한 경우에는 진정 처치가 필요할 수도 있다.

지니의 귀 세정과 검이경 검사(귀 안의 모습을 직접 보는 검사)는 원만히 이루어졌다. 지니의 귓속에서 이물질이나 신생물은 관찰되지 않았다. 이렇게 되자 지니의 만성적인 병력을 고려해 볼 때 다른 기저 질환에 의한 영향이 의심되었다. 갑상선 검사 결과도 정상이었으므로 지니가 먹고 있던 프리미엄급 사료에 대한 식이과민반응으로 인해 발생한 아토피 피부염을 의심할 수 있었다. 지니의 사료는 동물성 부산물과 화학 보존제가 다량 들어 있는 제품으로 건강식이라고는 할 수 없었다.

일단 지니에게 말라세지아에 적합한 항진균제를 투여하고, 허브 성분의 귀 세정제를 처방했다. 또한 집에서 밥을 직접 만들어 주기 곤란한 반려인의 사정을 고려해서 사료는 고품질의 것으로 교체하고 다양한 종류의 천연 영양 보조제를 처방했다.

이후 지니는 가끔 귓병으로 병원을 찾곤 하지만 제법 잘 지내고 있으며, 반려인도 매우 만족스러워하고 있다. 올바른 진단과 자연요법을 통한 치료 덕분에 지니가 병원을 찾는 일이 줄어서 아름다운 지니를 만나지 못하는 것은 아쉽지만 반려인의 경제적 부담이 줄었으니 기쁜 일이다.

울피와 지니의 예에서 보듯이 동물의 상태를 정확히 진단하는 것은 결과에 큰 차이를 만든다. 아토피 피부염이 개에서 발생하는 가려움증의 가장 흔한 원인이기는 하지만 다른 원인에 의한 것일 수도 있음을 명심해야 한다. 2차 감염이 발생하기 전에 신속하고 정확한 진단을 내려 알레르기의 영향을 최소화시킬 수 있는 대비책을 세우는 것이 매우 중요하다. 그러면 문제가 발생해도 상태가 악화되기 전에 발견하여 해결할 수 있다.

1장 복습하기

- 피부 알레르기라고 불리는 아토피 피부염은 개에서 가려움증을 유발하는 가장 흔한 원인이다.
- 아토피 피부염은 유전성 질환이다.
- 아토피는 유전적 소인이 있는 개가 먼지, 진드기, 꽃가루와 같은 주변 환경의 알레르기 유발물질과 반응해서 발생한다.
- 보통 알레르기 유발물질에 1~3년간 노출된 이후에 알레르기 증상이 나타난다.
- 개에게 가장 흔한 알레르기 증상은 가려워서 긁는 것인데 흔히 2차 피부감염이 뒤따른다.
- 개에게 콧물, 재채기, 구토, 설사 등의 피부 외적인 알레르기 증상이 나타나는 경우는 흔치 않다.
- 치료에 앞서 반드시 정확한 진단이 이루어져야 한다.

CHAPTER

2

알레르기로
오인하기 쉬운
피부병

심한 가려움증을 호소하는 개는 아토피 피부염이 원인인 경우가 많다. 그러나 가려움증을 유발하는 수많은 다른 질병이 알레르기로 오인되기도 한다. 때문에 알레르기가 의심되는 만성 피부 질환을 치료하기에 앞서 반드시 정확한 진단을 내려야 함은 아무리 강조해도 모자라지 않다.

로지의 가려움증 원인 찾기 여정

로지는 중성화수술을 한 4살 로트와일러 암컷으로 신혼부부인 반려인이 베이비라는 8살 미니어처푸들 암컷과 함께 기르고 있었다. 내가 로지를 처음 봤을 때 로지는 막 몸을 긁으려던 참이었다. 로지의 피부 상태가 정상인 것으로 보아 기생충 감염(벼룩, 진드기, 옴 등)은 아닌 것 같았고, 세균 감염(포도상구균 농피증 등)이나 곰팡이 감염(링웜 등)도 아닌 것 같았다. 함께 사는 베이비의 상태도 정상이었고 가려움증이나 피부 병변도 관찰되지 않았다.

반려인도 가려움증이나 피부 문제가 없었다. 옴(개선충)이나 링웜(피부사상균) 등의 피부병은 동물과 사람 간에 전염이 가능한 인수공통질병이므로 나는 항상 보호자에게도 피부병 병력에 관해 질문한다. 반려인의 피부병 병력은 동물의 피부병을 진단하는 데에 도움이 된다.

피부가 정상 상태인데도 가려운 증상을 보이고 피부 스크래핑 검사상 이상이 없었으므로 나는 잠정적으로 아토피 피부염이라는 진단을 내렸다. 반려인은 보완적 치료법보다는 프레드니솔론이라는 스테로이드 약물을 저용량으로 먹이는 것을 선택했다.

일주일 후에 다시 내원했을 때 로지의 피부 상태는 여전히 정상으로 보였으나 가려움증은 더 심해졌다. 두 번째 피부 스크래핑 검사 역시 음성이었다. 나는 로지에게 스테로이드 처방 용량을 늘리고 항히스타민제를 추가로 처방했다. 그리고 1~2주 후에 다시 내원하도록 했다.

다음에 내원했을 때도 로지의 피부 상태는 정상이었으나 가려움증은 더욱 심해져 있었다. 이때도 나는 약물 치료를 유지하고, 대신에 다른 항히스타민제를 처방했다. 나는 또한 오메가 3 지방산 보조제, 알로에-오트밀 성분의 샴푸와 린스, 저알레르기 식단을 처방했다.

열흘 후에 다시 내원했을 때 로지의 가려움증은 더욱 악화되어 있었고 너무 긁어서 피부에 상처까지 생겼다. 또 한 번 나는 피부 스크래핑 검사를 반복했고(결과는 여전히 음성이었다) 반려인을 상대로 문진을 했다. 그런데 이번에는 반려인 부부의 허리 주변에 작고 빨간 종기 같은 것이 났다는 이야기를 들었다. 그제서야 비로소 나는 로지의 가려움증의 원인을 알 수 있었다. 바로 옴(개선충)이었다!

보통 개선충은 피부 병변이 겉으로 잘 드러나는데 로지는 잠복형 옴 진드기에 의한 경우였다. 이런 경우 옴진드기는 피부 속으로 들어가 잠복하며 가려움증을 유발하지만 다른 임상 증상을 나타내지는 않는다. 때문에 피부 스크래핑 검사는 모두 음성이었고, 코르티코스테로이드 투여에도 반응을 보이지 않고 가려움증이 점점 더 심해진 것이다.

만약 알레르기성(아토피) 피부염이었다면 시험적으로 투여한 스테로이드로 인해 가려움증이 완화되었을 것이다. 프레드니솔론의 용량을 늘렸는데도 증상이 호전되지 않은 것은 극심한 가려움증의 원인이 알레르기가 아니라 다른 데 있음을 의미했다. 나는 반려인의 몸에 생긴 작은 병변과 코르티코스테로이드에 반응을 보이지 않는 로지의 상태를 보고 나서야 무엇이 잘못되었는지 알 수 있었다. 이는 겉으로는 알레르기처럼 보이지만 실제로는 다른 원인에 의해 유발된 심한 가려움증의 대표적인 예이다.

옴은 알레르기성 (아토피) 피부염으로 오인되는 여러 피부 문제 중 하나이다. 링웜, 내분비 질환, 암, 행동학적 문제 등도 흔히 알레르기성 피부염으로 오인된다. 다음 장에서는 이런 질병의 상태와 치료에 관해 다룰 것이다. 모두 기존의 일반적 치료법이나 대체의학적 치료법을 이용할 수 있는데 종종 홀리스틱 관점에서 두 가지를 함께 병행했을 때 치료 효과가 극대화되고는 한다. 모든 약물은 (심지어 동종요법 약물도) 진단에 영향을 줄 수 있고 피부염을 유발할 수 있으므로 수의사는 심장사상충 예방약, 벼룩 예방약 등 반려인이 동물에게 투여 중인 모든 약물에 대해서 알고 있어야 한다.

> **❖ 흔히 아토피로 오진되는 질환**
>
> - 모낭충감염증
> - 개선충감염증(옴)
> - 벼룩과민증
> - 기타 곤충과민증
> - 세균 감염
> - 말라세지아(효모균) 피부염
> - 링웜(피부사상균감염증)
> - 내부기생충에 의한 과민증
> - 음식 알레르기
> - 접촉성 피부염
> - 약물과민반응
> - 피부암
> - 갑상선 및 다른 내분비계 질환(갑상선기능저하증, 쿠싱병)
> - 행동학적인 문제들(신경성 피부염)

미세진드기

미세진드기mange (여러 진드기 종류 중 하나로 눈에 보이지 않는 미세한 진드기가 포함된다. 일반 진드기와의 구분을 위해 편의상 미세진드기라고 했다. -옮긴이)는 아토피에 이어 개에게 가려움증을 유발하는 두 번째로 흔한 원인이다. 미세한 기생성 진드기인 미세진드기는 피부와 모공에 감염되는데 모낭충과 개선충이 가장 대표적이다.

모낭충

모낭충demodectic mange은 모든 개에게 발생 가능한 유전적 질환으로 주로 12개월 미만의 강아지에게서 가장 흔하게 나타나며 다른 개나 사람에게는 전염되지 않는다. 모낭충은 데모덱스 카니스Demodex canis라는 진드기가 원인으로 건강한 개의 모공에도 존재한다. 주로 출생 직후에 어미로부터 전염되는데 모든 개가 모공 속에 모낭충을 가지고 있는데도 오직 소수의 강아지와 개에게만 문제를 일으킨다.

이는 면역체계의 결손과 관련이 있는데 다른 질병에는 면역반응을 정상적으로 나타내는데 모낭충에 대해서만 결함을 나타내는 경우이다. 최근의 연구에 따르면 모낭충에 감염되는 강아지는 진드기에 대한 특이적 면역 결함에 의해 모공 내에 기생하는 진드기가 비정상적으로 증식하여 질병으로 발달하는 것으로 보인다.

모낭충 감염에는 국소형과 전신형 두 가지 형태가 있다. 국소형은 신체 부위 한두 곳에서만 발생하는 반면, 전신형은 온몸 여기저기에 발생하거나 얼굴, 다리 같은 특정 부위 전체에 발생한다. <u>국소형 모낭충 감염은 경미한 질환이지만 전신형 모낭충 감염은 심각한 중증 질환으로 생명이 위험할 수도 있다.</u> 과거에는 많은 개들이 이로 인해 안락사에 처해지기도 했지만 지금은 치료가 가능해졌다.

피부가 붉게 변하고 비듬 같은 것이 떨어지는 탈모 부위가 있다면(종종 원형으로) 국소형 모낭충 감염을 의심해 봐야 한다. 일반적으로 개가 가려움증을 호소하지는 않는다. 모든 부위에서 발생 가능하지만 어린 강아지는 특히 얼굴과 앞다리에 가장 흔하게 발생한다. 대부분 국소요법에 의해 1~2개월 내에 치료된다.

병변이 온몸에서 관찰된다면 전신형 모낭충 감염을 의심할 수 있는데(전신형도 얼굴이나 다리 같은 특정 부위에만 국한되어 나타날 수 있음을 기억한다), 구진이라 부르는 작고 빨간 발진을 동반한 탈모 부위가 관찰된다. 초기에 진단되지 않는 경우 2차 감염에 의해 지루(건성 또는 지성)를 동반한 농포가 뒤따라 발생할 수 있다. 이때에는 2차 감염을 치료하기 위해 강력한 항생제 치료를 실시해야 한다.

대부분의 모낭충 감염은 적절한 치료가 뒤따르면 치료가 가능하다. 그리고 전신형 모낭충 감염을 치료할 때 생사를 가르는 마지막 방법이 아니라면 절대 코르티코스테로이드는 투여해서는 안 된다. 스테로이드는 재발을 야기할 수 있으며 치료를 어렵게 만든다.

모낭충 감염은 다른 피부병으로 오진되는 경우가 많으므로 오진을 막기 위해서 감별 진단 항목에 항상 모낭충 감염을 넣는 게 좋다. 검사는 간단하다. 외과용 칼날로 피부를 긁어내는 피부 스크래핑 검사를 이용하면 된다(나는 개가 칼날에 베이는 것을 막기 위해 현미경용 슬라이드글라스로 긁어 표본을 채취한다).

모낭충에 감염된 경우 아주 드문 경우를 제외하고는 피부 스크래핑 검사로 채취한 표본을 통한 현미경 검사로 모낭충을 확인할 수 있다. 단, 개선충의 경우는 피부의 표피층 표면에 기생하므로 표피 스크래핑만으로도 충분하지만 모낭충은 모공 속에 살고 있으므로 스크래핑을 깊숙이 실시해야 한다. 잘못된 피부 스크래핑 검사로 엉뚱한 결과를 얻을 수도 있으므로 올바른 검사 방법이 매우 중요하다.

모낭충 감염은 유전성 질환이므로 발병한 개는 중성화수술을 시키고 번식을 시켜서는 안 된다. 발병한 개의 부모견도 역시 다시 번식시켜서는 안 된다.

> ❖ **모낭충이 발병한 성견은 기저 질환을 찾아야 한다**
>
> 모낭충 감염은 흔히 다른 질병으로 오진되고는 하는데 모낭충에 걸리는 개들은 대부분 진드기 특이적 면역 결함이 있는 어린 강아지들이다. 성견은 강한 면역체계를 가지고 있어서 좀처럼 발병하지 않는다. 때문에 성견에게서 발병했다면 반드시 다른 기저 질환을 찾아야 한다. 대부분의 경우 종양이나 내분비계 질환(쿠싱병 등)같이 면역체계에 심각한 영향을 미치는 질환이 원인이다. 성견에게 장기간 코르티코스테로이드를 투여하는 경우에도 면역 억제작용에 의해 발생할 수 있다.
>
> 성견에게 모낭충 감염이 발생하면 반드시 면역체계와 관련된 기저 질환을 찾아야 하는데 일부의 경우 기저 질환을 찾지 못하기도 한다. 이런 경우는 혹시 모를 질병의 발생에 대비하기 위해 2~3개월마다 정기적으로 동물병원을 방문하여 검사를 통해 모니터링을 해야 한다.

개선충

개에게서 흔히 발견되는 미세진드기의 두 번째 유형인 개선충sarcoptic mange은 옴이라는 이름으로 더 잘 알려져 있다. 개선충은 가려움증이 너무 심해 흔히 알레르기로 오진되기도 한다. 사르코프테스 스카비아이 *Sarcoptes scabiei*에 의해 유발되는 개선충은 모낭충과는 달리 다른 동물에게 쉽게 전염되는데 인수공통질병으로 사람에게도 전염이 된다. 집 안에서 함께 생활하는 개에게 개선충이 옮은 사람은 24시간 이내에 작고 빨간 발진이 생긴다. 개선충은 피부 표층에 기생하는데 진드기가 피부로 파고들어가는 과정이나 진드기에 대한 몸의 알레르기 반응에 의해서 극심한 가려움증이 유발된다.

만약 개의 흉부, 복부, 다리에서 피부 병변이 관찰된다면 개선충을 의심해 봐야 한다. 귀나 발목, 팔꿈치 부위에도 발생할 수 있다. 감염 부위는 작고 빨간 뾰루지로 시작되어 긁으면 딱지가 생긴다. 보통 이런 전형적인 진행 과정을 거치지만, 간혹 앞서 이야기한 로지의 경우처럼 외부에 아무런 피부 증상도 나타나지 않는 경우가 있는데 이를 잠복성 개선충이라고 한다.

잠복성 개선충은 아토피 피부염이나 음식 알레르기로 오인되기 쉬운데, 이런 경우에는 코르티코스테로이드의 용량을 늘려도 가려움증이 사라지기는커녕 오히려 더욱 심해진다. 알레르기로 인한 가려움증에 사용하는 코르티코스테로이드의 적정 용량에도 증상이 호전되지 않으면 수의사는 잠복성 개선충과 같은 다른 원인을 찾아봐야 한다.

모낭충과 마찬가지로 피부 스크래핑 검사는 개선충을 진단할 때 가장 많이 사용하는 방법이다. 개선충은 주로 피부 표면의 검사로도 확인되지만 나는 혹시 모를 가능성을 고려하여 항상 깊은 부위까지 스크래핑 검사를 실시한다. 피부 스크래핑 검사는 딱지가 있는 발진 부위에 하는 것이 가장 좋고, 개선충이 좋아하는 부위인 귀끝, 팔꿈치, 발목 등도 반드시 검사해야 한다.

모낭충의 경우 깊은 스크래핑 검사로 거의 100퍼센트 진단이 가능하지만 안타깝게도 개선충은 그렇지 않다. 여러 부위를 대상으로 깊은 스크래핑 검사를 해도 개선충에 감염된 개의 약 50퍼센트만 개선충 양상

반응을 보인다. 다시 말해 개선충에 감염된 개의 약 50퍼센트는 스크래핑 검사를 해도 음성으로 나올 수 있다는 의미이다. 그러므로 개에게 일반적인 '가려움증 조절' 용량의 코르티코스테로이드를 처방했는데도 반응을 보이지 않고 계속 심한 가려움증을 호소한다면 개선충에 대한 치료를 고려해 봐야 한다. 또한 개선충은 쉽게 전염될 수 있으므로 집 안의 다른 동물도 함께 치료해야 한다.

미세진드기의 치료

전신형 모낭충 감염의 통상적인 치료는 미타반(아미트라즈)이라는 약욕제를 이용해 1~2주 간격으로 치료하는 것이다. 미타반은 살충제의 하나로 부작용이 드문 편이기는 하지만 사용 부작용으로 구토, 복부팽만감, 무기력, 보행이상 등을 유발할 수 있다. 미타반 치료 후 증상이 개선되고 피부 스크래핑 검사를 1~2회 실시해 음성이면, 2회 정도 추가로 치료하고 약욕 치료는 끝낸다. 미타반 약욕요법은 비용이 저렴한 장점이 있으나 부작용 위험이 크므로 절대로 집에서 자가치료를 해서는 안 된다.

국소형 모낭충 감염의 경우 염증 완화를 위해 벤조일 페록사이드 benzoyl peroxide 같은 국소형 연고를 바른다. 국소 치료 시 간혹 증상이 개선되기 전에 일시적으로 상태가 더 악화된 것처럼 보이기도 하니 참고한다.

모낭충이나 개선충의 보완적 치료법으로는 유황sulphur 등을 이용한 동종요법이나 에키네시아echinacea, 라벤더 등의 허브요법이 있는데 종류에 따라 바르거나 경구 복용한다. 또한 나는 아연과 면역계를 강화시키는 항산화 비타민, 미네랄 복용도 추천한다. 개선충 감염의 경우 천연 식물성 스테로이드를 함유한 물질을 이용할 수 있는데 이런 약제로는 영지, 인삼, 지황, 감초, 시호, 귀갑(거북이 등딱지), 대조(대추), 고삼 등이 있다. 식물성 스테로이드는 보통 합성 스테로이드에 비해 효과는 약하지만 부작용이 훨씬 적다. 이것으로도 가려움증을 완화시키는 효과를 보지 못했다면 개선충에 한해 단기간 동안 저용량 코르티코스테로이드 치료를 시도해 볼 수 있다. 그러나 <u>모낭충일 경우 코르티코스테로이드 투여는 상태를 악화시킨다.</u>

> ### ❖ 개선충과 모낭충에 쓰이는 약물 사용법
>
> 개선충에 감염된 개는 약욕제 미타반이나 라임설파(lime sulfur)를 이용한 약욕으로도 효과를 볼 수 있지만 실제로는 약욕보다 독성 부작용이 적은 약물인 이버멕틴 주사제나 외용제를 더 많이 사용한다. 그러나 콜리는 개에게는 이버멕틴 사용을 추천하지 않는다. 콜리는 이버멕틴에 독성을 나타내거나 치명적인 부작용을 나타낼 확률이 높다.
> 코르티코스테로이드는 일시적으로 개선충 감염의 가려움증을 완화시키는 데 도움이 되지만 모낭충 감염에는 절대 사용해서는 안 된다. 스테로이드의 면역 억제 작용으로 인해 상태를 더욱 악화시킬 수 있다.

모낭충은 심한 중증 질환으로 발전할 수 있으므로 단기간의 보완적 치료법에 반응하지 않으면 약욕 치료 등의 다른 치료가 필요하다. 보완적 치료로 개의 면역력을 강화하면서 약욕으로 발생 가능한 부작용을 줄여 나간다.

모낭충 치료의 최근 경향은 독한 살충 성분의 미타반 약욕 치료보다 경구용 약물과

스폿온(목덜미에 바르는 약) 형태의 제품을 통한 치료가 보편적이며, 효과도 좋다. - 옮긴이

벼룩과민증

벼룩 알레르기성 피부염이라고도 부르는 벼룩과민증은 여러 지역에서 개의 가려움증을 유발하는 흔한 피부 질환이다. 그래서 나는 가려움증 환자에 대해서는 모두 벼룩 검사를 실시한다. 최근에는 다양한 종류의 벼룩구제 제품이 나와 있어 벼룩과민증 발병이 많이 감소했다.

<u>등, 등 아래, 사타구니, 복부 안쪽, 옆구리를 중심으로 병변이 관찰된다면 벼룩과민증을 의심할 수 있다.</u> 벼룩 알레르기성 피부염의 전형적인 병변은 작고 빨간 종기인데 딱지가 앉아 있는 경우도 있다. 벼룩 알레르기성 피부염의 병변 부위는 다른 피부 질환에서는 좀처럼 발생하지 않는 부위이므로 병변 부위 확인은 반드시 감별 진단 목록의 첫 번째에 올려놓아야 한다.

간혹 벼룩의 유무를 청결함과 연관지어서 생각하는 반려인이 있다. 그래서 벼룩 알레르기성 피부염의 검사를 기피하고, 심지어 벼룩이 발견되어도 이를 부인하는 경우가 종종 있다. 또한 증상 완화를 위해 피부 질환이 있는 개를 목욕시키기도 하는데 목욕을 시키면 벼룩을 관찰하기 힘들어져 진단이 더 어려워진다. 그래서 나는 피부병으로 병원에 방문하기 전에는 목욕을 시키지 말라고 당부한다. 또한 사람들이 자체적으로 벼룩구제제를 사용하는 경우가 많아서(이미 발병된 상태라면 이것만으로는 충분치 않다) 정작 동물병원을 방문했을 때에는 벼룩의 수가 많이 줄어서 벼룩을 발견하기가 어렵다. 게다가 벼룩 알레르기성 피부염은

매우 가렵기 때문에 개가 스스로 긁거나 깨물어서 벼룩을 잡는 경우도 있다. 개 스스로 벼룩 감염의 증거를 없애는 것이다. 면역학적으로 벼룩 알레르기성 피부염에 의한 가려움증은 벼룩이 완전히 사라진 뒤에도 한동안 지속될 수 있다.

그런데 왜 어떤 개는 증상이 나타나고 어떤 개는 벼룩에 감염되어도 괜찮은 것일까? <u>여러 마리의 개를 키우는 집에서도 어떤 개는 벼룩이 없어도 알레르기 증상이 나타나고, 어떤 개는 벼룩이 있는데도 증상이 전혀 나타나지 않는 경우가 있다.</u> 이를 이해하려면 그 뒤에 숨겨진 면역학적 요인을 이해해야 한다.

벼룩의 타액은 많은 항원(외부 단백질)을 함유하고 있는데 이것이 동물에게 알레르기 반응을 유발한다. 개의 경우 벼룩의 타액에서 두 종류의 면역반응을 일으키는데 첫 번째는 즉시 나타나는 제1형 과민반응으로 아토피 피부염과 유사한 메커니즘으로 발생한다. 벼룩에 물린 즉시 가려움증을 느끼므로 개는 긁고 깨물어 벼룩을 죽인다.

두 번째는 벼룩에 물린 후 며칠 뒤에 발생하는 지연형 과민반응으로 벼룩이 이미 박멸된 상황에서도 발생할 수 있다. 때문에 이런 경우 반려인은 반려견이 심한 가려움을 끊임없이 호소해도 벼룩을 발견할 수 없다.

또 다른 흥미로운 사실 한 가지는 노출과 관련된 것으로 아토피 피부염과 같은 전형적인 알레르기는 알레르기 유발물질에 노출되었을 때 증상이 나타나고 알레르기 유발물질이 제거되면 증상이 사라지거나 완화된다.

그러나 벼룩 알레르기성 피부염은 그렇지 않다. 연구에 따르면 벼룩에 지속적으로 노출된 개는 낮은 수준의 항체가를 가져 벼룩에 대한 과민반응이 거의 나타나지 않는다. 반면 벼룩에 노출된 적이 거의 없는 실내견의 경우 벼룩과 간헐적으로 접촉하는 것만으로도 즉시형 과민반응과 지연형 과민반응이 함께 나타날 수 있다. 그래서 어떤 수의사는 벼룩 알레르기성 피부염을 예방하는 방법으로 벼룩에 꾸준히 노출시켜 마치 예방접종처럼 항체를 형성하는 방법을 제안하기도 한다.

아토피가 있는 개는 벼룩의 타액에 알레르기 반응을 보일 확률이 훨씬 더 높기 때문에 정확한 진단에 혼란을 줄 수 있다. 주의 깊은 검사와 진단이 필요하며 경우에 따라서는 두 가지 질병을 동시에 치료해야 한다.

과거 병력과 신체검사가 진단의 기초가 되는데 벼룩이나 벼룩의 배설물을 확인하는 게 가장 확실하다. 벼룩의 배설물은 마치 몸에 후추를 뿌린 것처럼 보이는데 간단한 방법으로 확인할 수 있다. 이 검은 물질을 하얀색 수건이나 페이퍼타월, 종이 위에 올려놓은 뒤 그 위에 물을 뿌린다. 만약 벼룩의 배설물이면 30~60초 안에 붉게 변할 것이다. 벼룩은 체내의 피를 빨아먹기 때문에 그 배설물에도 탈수되어 건조된 혈액 성분이 들어 있다.

개의 변에서 벼룩의 배설물을 발견하는 것도 벼룩 감염의 증거가 된다. 또한 촌충은 벼룩을 통해 감염되므로 변에서 쌀알이 연결된 것처럼 생긴 촌충이 발견된다면 벼룩 감염을 의심해 봐야 한다.

앞서 이야기했듯이 벼룩 알레르기가 있는 개의 몸에서 벼룩을 직접 찾기는 어렵지만 벼룩 배설물은 흔히 볼 수 있다. 물론 반려인이 최근에 목욕을 시켰다면 이런 흔적도 사라질 수 있다. 다시 강조하지만 피부과 치료를 위해 병원을 찾을 때에는 진료 3~7일 전부터 목욕을 삼가는 것이 좋다.

만약 과거 병력이나 신체검사를 통한 진단이 어렵다면 수의사는 미세한 양의 벼룩 알레르기 유발물질을 피부에 주입하여 양성 반응 여부를 관찰하는 피내 피부반응검사를 실시한다.

진단을 위해 조직검사biopsy를 실시하기도 하지만 한계가 있다. 벼룩 알레르기성 피부염이라는 확진을 내리는 것이 불가능하고 알레르기성 피부염이라는 진단만 내릴 수 있기 때문이다. 피부종양, 곰팡이, 세균 감염의 감별 진단에는 유효할 수 있지만 알레르기성 피부염의 정확한 원인을 찾으려면 추가 검사가 필요하다.

벼룩과민증의 치료

주류 수의학에서는 가려움증 완화를 위해 단기간 동안 코르티코스테로이드와 항히스타민제를 사용한다. 반면 대체 수의학에서는 유황, 레듐Ledum, 우르티카 우렌스Urtica urens를 이용한 동종요법과 에키네시아, 쐐기풀nettle, 라벤더 등의 허브를 종류에 따라 국소적으로 바르거나 경구 복용한다. 천연 식물성 스테로이드가 함유된 물질을 이용할 수도 있는데 이런 약제로는 영지, 인삼, 지황, 감초, 시호, 귀갑, 대추, 고삼 등이 있다. 식물성 스테로이드는 보통 합성 스테로이드에 비해 효과는 약하지만 부작용은 훨씬 적다.

<u>벼룩 구제는 알레르기성 피부염의 궁극적인 원인을 관리한다는 측면에서 매우 중요하다.</u> 벼룩 구제에 대한 주류 의학과 보완대체 의학 요법의 자세한 비교는 여기에서는 다루지 않는다(자세한 내용을 원한다면 《개와 고양이를 위한 자연 건강 지침서》(2001)를 참조하길 바란다).

적절한 벼룩 구제는 '동물', '마당과 뜰', '집 안'의 3곳에서 동시에 관

리되고 이뤄져야 한다. 벼룩의 생활사는 주로 동물의 체내와 주변 환경에서 이뤄지므로 주변 환경의 관리가 벼룩 구제에 있어서 가장 중요함에도 불구하고 오히려 가장 등한시되기도 한다. 일반적으로 벼룩의 구제는 살충제를 이용한다. 보통 집 안에서 사용되는 피레트린류pyrethrin, 마당이나 뜰에 주로 쓰이는 유기인제류, 동물에 투여하는 '프로그램(프로그램은 제품명이다. 국내는 벼룩 감염이 많지 않아 프로그램 경구용 벼룩 구제약은 시판되지 않고 있다. - 옮긴이)' 같은 경구용 제품과 '어드밴티지Advantage', '프론트라인Front Line' 같은 유기인제 성분의 국소용 스폿온 제품 등이 있다.

 벼룩 구제를 위한 보완적 치료법은 상대적으로 안전한 살충제이다. 집 안에서는 곤충성장조절제, 규조토, 붕산염계 화학물을 사용하고, 마당이나 뜰에는 유익 선충류나 규조토 등을 이용한다. 동물에 국소적으로 사용할 수 있는 천연 벼룩 구제제로는 님neem 성분이 들어간 샴푸와 스프레이, 허브 성분이 들어간 칼라, 파우더 등이 있다.

 <u>단기적인 일반적 치료법과 장기적인 보완적 치료법을 병행한 홀리스틱 접근법은 벼룩 구제를 위한 완벽한 해법이 될 수 있다.</u>

다른 곤충에 의한 과민증

많은 반려인은 피부병을 불개미 같은 곤충에 물린 것과 혼동하고는 한다. 하지만 사람과 달리 개는 벼룩 외의 다른 곤충에게 물리는 경우가 흔하지 않다.

 개가 불개미에게 물리는 경우가 있기는 하지만 매우 드문 일이다. 진드기는 개의 피부에 기생하면서 로키산홍반열, 라임병, 에를리키아감염증 같은 기생충성 질환을 전염시키기도 하지만 직접적으로 피부 자체에 문제를 야기하지는 않는다. 파리가 개의 귀 끝을 물어 문제를 일으키기도 하는데 귀 끝 부분에서 진물이 나거나 딱지가 있는 상처가 보인다면 파리를 의심해 볼 수 있다.

곤충에 의한 과민증의 치료
곤충에 의한 과민증의 일반적인 치료법은 항생제와 코르티코스테로이드 성분의 연고를 환부에 발라 주는 것이다. 파리가 무는 것을 방지하기 위해 머리 주변에 국소용 살충제를 뿌려 주는 것도 도움이 된다.

곤충에 물려 가려운 경우 미세진드기 감염 시의 치료법을 응용할 수 있다. 동종요법(유황, 레듐, 우르티카 우렌스)의 도움을 받거나 허브(에키네시아, 쐐기풀, 라벤더 등)를 국소적으로 바르거나 경구 복용한다. 그리고 영지, 인삼, 지황, 감초, 시호, 귀갑, 대추, 고삼 등의 천연 식물성 스테로이드를 이용할 수도 있다. 식물성 스테로이드는 보통 합성 스테로이드에 비해 효과가 약하지만 부작용도 훨씬 적다.

페퍼민트, 캐모마일, 카렌듈라, 주니퍼juniper, 라벤더, 장미 껍질rose bark, 우바우르시uva ursi 성분이 들어 있는 허브 제품을 사용하면 상처가 빨리 치유된다. 파리가 무는 것을 막기 위해 허브나 님 성분이 들어간 벌레기피용 제품을 사용해도 된다.

세균 감염
세균으로 인한 피부 질환은 매우 흔하다. 세균성 모낭염, 농피증, 포도상구균감염증(개의 피부에 정상적으로 있는 세균으로 보통 *Staphylococcus*

*intermedius*가 원인균이다) 등 다양한 이름으로 불린다. 포도상구균 피부 감염은 보통 알레르기, 기생충 감염, 갑상선기능저하증이나 쿠싱병 같은 내분비장애와 관련이 깊다. 진단되지 않거나 치료하지 않고 방치한 모낭충 감염에 의해서도 심각한 2차 세균 감염이 발생한다.

참고로 내 경험에 따르면 만성적 세균 감염이 있는 개는 대부분 알레르기성 피부염을 앓고 있다. 알레르기가 있는 개의 피부는 '정상'이 아니므로 감염에 훨씬 취약하기 때문이다. 알레르기가 있는 개는 면역계의 문제, 핥고 깨물어 표피 보호층을 파괴하는 피부의 손상, 만성 코르티코스테로이드 사용(특히 장기 지속형 주사제) 등으로 인해 2차 감염이 발생하기가 더욱 쉽다.

뾰루지, 농포, 딱지 등이 보인다면 세균 감염을 의심해 본다. 단모종의 개는 듬성듬성 털이 빠지는 것이 겉으로 드러나는 유일한 증상인 경우도 있다.

수의사들은 주로 외견상 보이는 특징, 진드기나 피부사상균 감염 등 유사 질병과의 감별 진단을 종합하여 세균 감염을 진단한다. 피부조직 검사는 확진에 유용하기는 하지만 많이 실시되지는 않는다. 특히 만성 감염인 경우 아토피 등의 기저 질환 여부를 반드시 확인해야 재감염을 예방할 수 있음을 명심한다.

세균 감염의 치료

대부분 세균 감염의 일반적인 치료는 국소용, 주사용, 경구용 항생제를 투여하는 것이다. 포도상구균에 효과가 매우 좋은 항생제가 있기는 하지만 가격이 고가이고, 적절한 치료를 하려면 최소한 3주 동안 혹은 외견상 다 나아 보인 뒤에도 1~2주 정도 추가로 투여해야 한다. 국소용 약욕제는 가려움, 비듬과 딱지 제거, 세균수 감소에 효과가 있으며, 경구용 항생제의 투여 기간을 단축시키기도 하고, 가벼운 감염 소견이 있을 때 사용한다. 초기에 발견하면 쉽게 낫는 경우가 많으므로 어디가 아프든 초기에 수의사의 진료를 받는 것이 매우 중요하다. 보완적 치료법은 최후의 보루로 남겨 둔다.

보완적 치료법으로는 오래전부터 사용되어 온 유황을 이용한 동종요법 처방을 추천한다. 루스 톡시코덴드론Rhus toxicodendron, 실리케아Silicea, 헤파르 술푸리스Hepar sulphuris 등도 효과가 있다. 포도상구균 노소드nosode(동종요법에서 사용되는 질병 유래 물질의 추출물-옮긴이)도 사용할 수 있다. 붉은토끼풀, 마늘, 소리쟁이yellow dock, 쐐기풀, 감초 뿌리, 에키네시아, 골든실goldenseal, 저먼 캐모마일 등을 이용한 허브요법도 있다.

말라세지아 피부염

효모균의 일종인 말라세지아는 최근 주목받는 병원체로 흔히 아토피 피부염이나 세균성 모낭염으로 오인되곤 한다.

말라세지아는 정상적인 개의 귓속, 항문 주변, 생식기 주변 피부에서 흔히 발견된다. 하지만 미생물학적 환경 변화로 소수의 말라세지아가 대량으로 증식하면 질병을 유발하는데 이런 이유로 말라세지아 피부염은 다른 질병에 따른 2차적 질병으로 여겨진다. 때문에 아토피, 갑상선기능저하증, 쿠싱병 등을 정확히 진단하고 치료한 후에야 2차적 질환인 말라세지아 감염을 치료할 수 있다.

개가 몸을 좀 심하게 긁는다면 말라세지아 감염을 의심해 볼 수 있다. 피부의 염증이나 빨갛게 된 피부, 노란빛의 심한 각질, 기름진 피부, 불쾌한 냄새 등을 관찰할 수 있다. 온몸뿐 아니라 국소적으로도 발생하는데 주로 귀, 입술, 겨드랑이, 팔꿈치, 목, 사타구니, 피부가 접히는 부위, 항문 주변, 발가락 사이에 발생한다. 내 경험에 따르면 말라세지아는 귓병을 일으키는 주요 원인으로 전신성 말라세지아 피부염을 앓는 개는 대부분 귀에도 감염이 발생한다.

말라세지아 피부염은 모든 견종에게 발생한다. 특히 실키테리어, 바셋하운드, 푸들, 셔틀랜드십도그, 콜리, 치와와, 저먼셰퍼드, 닥스훈트, 오스트레일리안테리어, 웨스트하이랜드화이트테리어, 잭러셀테리어, 코커스패니얼, 스프링거스패니얼 등이 취약한 견종이다.

수의사는 진단을 위해 피부에서 균체를 직접 확인하는 세포학적 검사를 실시한다. 감염 부위를 면봉으로 문지른 다음 슬라이드글라스에 부드럽게 도말한 뒤 염색하고 현미경으로 검사한다. 피부 스크래핑 검사나 투명 테이프를 이용한 검사를 실시하기도 한다. 피부조직검사는 크게 도움이 되지 않는다.

말라세지아는 정상적인 개의 피부에서도 발견되므로 확진하려면 말라세지아가 많이 관찰되어야 한다. 하지만 나는 한두 마리만 관찰되더라도 전형적인 말라세지아 감염의 병변 소견을 보이거나 심한 가려움증을 호소하는 경우, 알레르기나 감염으로 수개월에서 수년간 항생제와 코르티코스테로이드 치료를 받은 경우, 말라세지아 피부염 치료에 반응을 보이는 경우 말라세지아 피부염으로 진단을 내린다. 피부의 세포학적 검사가 이 질환의 진단에 가장 중요한 기준이지만 다른 의심 증상이 있는 경우에도 치료에 들어간다.

말라세지아의 치료

말라세지아 피부염의 일반적 치료는 황화셀레늄selenium sulfide, 케토코나졸ketoconazole, 징크피리치온zinc pyrithione, 클로르헥시딘chlorhexidine 등의 성분이 함유된 약용 샴푸로 목욕을 시키고 물과 식초를 일대일 비율로 희석해 헹궈 주는 것이다. 수의사들은 종종 항진균제인 경구용 케토코나졸을 처방하기도 하지만 나는 비싸고 잠재적인 독성 가능성이 있는 경구용 케토코나졸보다 집중적인 국소 치료 관리를 이용해 많은 효과를 본다. 케토코나졸을 불가피하게 사용해야 하는 경우에는 간독성 여부를 알기 위해서 먼저 혈액검사를 실시한다.

주의 약용 샴푸 혹은 침지요법(약물에 몸을 담그는 치료법) 시 반려인의 안전을 위해 고글, 고무장갑 등 안전 용구를 착용한다.

아직까지 말라세지아 피부염에 관한 맞춤형 보완적 치료법은 없지만 일반적인 피부 질환 치료법을 적용하면 된다. 항진균 성분의 약용 샴푸로 목욕시키고 식초물로 헹궈 줌으로써 경구용 항진균 사용을 최소화할 수 있다. 효모균 감염은 면역체계를 억압하는 어떤 원인에 의해 정상적으로 존재하던 소수의 효모균이 이상 증식하여 발생한다. 일단 그 원인이 무엇인지 알아낸다면 원인을 치료하는 데 도움이 되는 홀리스틱적 치료법을 추가적으로 찾는다.

링웜(피부사상균감염증)

의학 용어로 피부사상균감염증이라고 하는 링웜ringworm은 개와 고양이에게 흔한 곰팡이 감염으로 특히 어린 강아지와 고양이에게 잘 발생한다. 예전에는 벌레에 의해 감염된다고 생각했으나 지금은 몇몇 곰팡이균에 의해 발병된다는 사실이 밝혀졌다. 동그란 모양으로 털이 빠지고 딱지가 앉는 특징적인 병변 모양을 나타내는데 특히 원형의 테두리 부위가 반지ring 모양과 비슷해 링웜이란 이름이 붙었다.

원형으로 털이 빠지고 딱지가 앉은 병변이 관찰되면 링웜을 의심해봐야 한다. 종종 세균성 모낭염과 진드기 감염 같은 질병과 혼동되므로 진단을 할 때 이런 질환의 가능성도 염두에 둬야 한다. 드물기는 하지만 토양 곰팡이인 미크로스포룸 기프세움Microsporum gypseum 감염 시에는 일반적인 링웜에서 관찰되는 원형의 병변과는 달리 안면에 독창kerion이라는 돌출된 발진이 발생하기도 한다. 링웜은 보통 심하게 가렵지 않으므로 가려움을 호소한다면 기생충 감염이나 알레르기 등의 문제가 없는지 확인해야 한다.

신체검사, 유사 질병과의 감별 진단, 피부 스크래핑 검사, 병변부 털과 각질 배양검사를 통해 진단을 내린다. 형광 불빛에 감염 부위를 비춰 보는 우드램프 검사wood's lamp test를 하면 미크로스포룸 카니스Microsporum canis 감염이 있는 개의 50퍼센트 이상은 병변부가 형광색으로 빛을 발한다. 그러나 이 검사법은 오진의 가능성이 높아 보조적인 진단법일 뿐이다. 만약 우드램프 검사로 양성 진단을 받았다면 곰팡이 배양이 필요하다.

<u>피부병 진단에 있어 유명한 격언이 있다. "링웜처럼 보이면 링웜이 아닐 수 있고, 링웜처럼 보이지 않으면 링웜일 수 있다."</u>

> ### ✤ 링웜을 유발하는 곰팡이균
>
> 세 종류의 흔한 곰팡이균(*Microsporum canis, Microsporum gypseum, Trichophyton mentagrophytes*)이 링웜(피부사상균증)을 유발한다. 가장 흔한 원인체인 미크로스포룸 카니스는 개와 고양이의 피부에 정상적으로도 소수 존재한다. 미크로스포룸 기프세움은 주로 토양에 존재하는데 먼지를 통해 동물에 감염된다. 트리코피톤 멘타그로피테스(*Trichophyton mentagrophytes*)는 주로 설치류에서 발견되는데 설치류와의 접촉이 주된 감염 경로이다. 드물게 피부사상균에 걸린 사람과의 접촉을 통해 감염되기도 한다. 그러나 대부분의 경우 감염은 감염 동물의 털이나 털에 노출된 빗이나 솔을 통해 이뤄진다. 링웜에 감염된 동물은 사람에게 전염시킬 수 있지만 대부분 감염된 사람 간의 접촉이나 빗 등을 통해 이뤄진다.

링웜의 치료

일반적인 치료법은 약용 샴푸와 항진균제를 처방하는 것이다. 치료에는 보통 4~6주가 걸리는데 장모종의 경우 털을 짧게 자르고 치료하면 훨씬 더 효과가 좋다.

보완적 치료법으로는 영양 개선이 중요한데 영양가 높은 식단을 제공하고 지방산과 항산화제 등의 영양 보조제 급여가 중요하다. 알레르기 예방과 건강관리를 위한 일반적인 식이관리에 대한 자세한 정보는 7장에서 다룬다. 유황 등의 동종요법이나 골든실, 질경이를 이용한 허브요법을 시도해 볼 수도 있다.

장내 기생충과민증

장내 기생충은 주로 구토, 설사, 혈변, 체중 감소, 복부팽만, 소화불량, 복통, 복명음(장이 꾸르륵거리는 소리), 빈혈 등의 소화관 증상과 관계가 깊다.

그러나 드물게 콕시듐, 회충, 십이지장충, 편충 등의 내부기생충이 피부의 이상을 유발하기도 한다. 개가 피부에 가려움을 느낀다면 기생충에 의한 제1형 과민반응이 아닌지 의심해야 한다.

개가 가려움증을 호소하고 딱지가 있는 발진과 과다한 피지가 보인다면 장내 기생충과민증을 의심해 볼 수 있다. 장내 기생충과민증도 알레르기성 피부염처럼 처음에는 별다른 피부 병변 없이 가려워하며 긁는다. 수의사는 진단을 위해 피부조직검사, 분변검사를 실시하고 적절한 구충요법을 실시한다.

장내 기생충과민증의 치료
국소요법은 보통 샴푸를 이용하며 가려움증 완화를 위해 코르티코스테로이드나 앞서 서술했던 보완적 치료법을 적용할 수 있다(내부기생충 관리를 위한 보완적 치료법에 대한 자세한 사항은《개와 고양이를 위한 자연 건강 지침서》(2001)를 참조한다).

음식 알레르기
종종 피부 이상의 주범으로 음식 알레르기가 지목되고는 하는데 실제 진짜 음식 알레르기인 경우는 10퍼센트 미만으로 드물다. 음식 알레르기는 아토피에 비하여 드물게 발생하는 편이기는 하지만 계절에 관계없이 극심한 가려움증을 유발한다.

대부분의 알레르기성 피부염과는 달리 음식 알레르기가 있는 개는 매우 심하게 긁어 일반적인 항염증, 가려움증 완화 목적의 코르티코스테로이드 처방 용량에는 반응을 보이지 않는 경우도 많다.

우선 다른 원인이 있는지 확인한 뒤 음식 알레르기를 의심해 본다. 심한 가려움증을 호소하며 피부의 병변이 보인다면 음식 알레르기가 원인일 수 있다. 귀나 피부에 2차 세균 감염이나 효모균 감염이 동반되면 진단에 혼란을 줄 수 있다.

음식 알레르기를 보이는 개 중 10~15퍼센트는 구토, 설사, 복통 등의 소화관 이상을 보인다. 흥미롭게도 발작 증상을 보이는 개 중에서도 음식 알레르기를 보이는 경우가 있다. 이는 발작 증상이 있는 동물에게 왜 천연 식단이 필요한지 설명해 준다.

과민반응은 음식 중 하나 혹은 둘 이상의 성분과 반응하여 발생하는데 대부분의 경우 그 성분에 알레르기 반응을 나타내기까지 수개월에서 수년이 걸린다. 수의사들은 음식 중 당단백화합물이 주요 원인이라고 생각한다. 종종 개의 몸은 음식 성분을 조리하는 과정에서의 당단백을 항원으로 인식하는 경우가 많으므로 <u>음식 알레르기가 있는 동물은 날것이나 최소한으로 조리된 음식을 급여하는 것이 좋다.</u>

음식 알레르기는 어떤 연령, 어떤 견종에서도 발생할 수 있다. 대부분 2살 이상에서 발생하는 경우가 많고 6개월 미만에서 진단되는 경우는 드물다. 그러나 여기에 대해서는 몇 가지 이견이 있다.

어린 강아지는 보통 장내에 있는 기생충이나 바이러스 등에 의해 장점막이 손상될 수 있다. 장점막은 항체와 함께 외부 단백질이 체내로 흡수되는 양을 감소시키는 보호층 역할을 하는데 이런 장점막이 손상되거나 항체반응 결함은 어린 강아지에게 음식 알레르기를 발생시킬 수 있다.

게다가 아주 어린 강아지에게 일반 상업 사료를 주는 것은 다수의 항원에 노출시키는 결과를 낳는다. 소화기계가 아직 미성숙한 상태이고 외부 물질에 적응되지 않아서 불충분하게 소화된 물질이 점막의 기능을 방해하는 역작용을 유발할 수 있다. 이런 외부 단백질을 '무시'할 수 있는 면역계의 능력을 경구내성oral tolerance이라고 하는데 경구내성이 없다면 사람이든 동물이든 소화관 내로 들어오는 모든 물질에 대해 알레르기 반응을 일으킨다.

경구내성은 초년기에 형성되는데 정확히 언제 형성되는지는 밝혀지지 않았다. 그러나 도널드 스트롬벡 박사는 이 시기를 적어도 이유기가 시작되는 생후 6주경으로 보고 있다. 때문에 이유 시기는 8~10주경이 가장 적합하다고 할 수 있다. 이유 시기를 늦추는 것은 나중에 발생할 수 있는 행동학적 문제를 예방하는 데도 도움이 된다.

<u>소고기, 닭고기, 우유, 달걀, 생선, 밀, 콩, 옥수수 등 시판되는 사료 성분의 대부분은 음식 알레르기 유발물질이 될 수 있다.</u> 사람들에게 널리 알려진 바와 달리 양고기도 다른 단백질과 마찬가지로 장기간 급여하면 알레르기를 유발할 수 있다. 사료는 대부분 저렴한 에너지원으로 사용할 수 있는 다량의 곡물을 함유하고 있는데, 이런 곡물은 알레르기를 유발하는 탄수화물의 일종인 글루텐gluten이 다량 들어 있는 경우가 많다. 경구내성을 획득할 때까지는 곡물 성분이 다량 함유된 사료는 먹이지 않는 것이 좋다.

음식 알레르기는 모든 견종에서 나타날 수 있으나 특히 코카스패니얼, 스프링거스패니얼, 콜리, 래브라도리트리버, 골든리트리버, 미니

어처슈나우저, 웨스트하이랜드화이트테리어, 샤페이, 복서, 달마시안, 닥스훈트, 라사압소, 저먼셰퍼드, 휘튼테리어 등에서 높게 나타난다.

<u>만약 반려견이 계절과 관계없이 심한 가려움증을 호소하고 코르티코스테로이드의 용량을 늘려도 증상이 개선되지 않는다면 음식 알레르기를 의심해 본다.</u> 진단은 병력, 신체검사, 특정 성분을 배제한 식이요법이나 저자극성 식이요법 등을 통하여 이뤄진다. 알레르기 진단에서 종종 이용되는 혈액검사는 음식 알레르기 진단에는 도움이 되지 않는다. 또한 대부분의 사료회사가 거의 비슷한 원료를 사용하므로 다른 사료로 교체해 주는 것만으로는 도움이 되지 않을 수 있다. 정확히 어떤 성분이 알레르기를 일으키는지를 알아내려면 수의사와 반려인이 서로 협력하고 노력해야 한다.

배제 식이요법

배제 식이요법elimination diet은 음식 알레르기를 정확하게 진단할 수 있는 유일한 방법이다. 음식 알레르기가 있는 개는 일반적으로 배제 식이요법을 8~10주 실시하면 가려움이 감소하거나 사라지는 효과를 본다. 배제 식이요법의 목적은 알레르기 유발물질을 찾아내기 위하여 전에 섭취했던 모든 단백질을 통제하는 방법이다.

배제 식이요법은 단백질원과 익힌 흰쌀을 1:4~1:5 비율로 섞어 만드는데 단백질원으로 양고기, 칠면조고기처럼 개가 전에 먹어 보지 않았던 것을 선택한다. 만일 어떤 것을 먹어 봤는지 잘 모르겠다면 먹어 봤을 가능성이 낮은 사슴고기나 토끼고기 등이 좋다.

8~12주 동안 이 음식만 먹인다. 절대로 개껌을 포함한 간식을 줘서

는 안 되고, 간식 형태로 된 심장사상충 예방약도 줘서는 안 된다. 음식 알레르기는 물과는 아무 관계도 없으므로 물은 수돗물, 생수, 정수된 물 어느 것이든 상관없다. 많은 반려인이 깨끗한 생수만 고집하는데 최근 연구에 따르면 시판되는 생수가 수돗물보다 깨끗하다는 증거는 거의 관찰되지 않았다. 이 시기 동안에는 비타민이나 미네랄 등의 어떤 영양보조제도 먹이지 않는다. 건강한 개라면 이 짧은 기간 동안 영양결핍으로 쓰러질 염려는 하지 않아도 된다.

음식 알레르기가 있는 개의 약 30퍼센트는 아토피 피부염이나 벼룩 과민증과 같은 다른 피부병을 함께 가지고 있으므로 배제 식이요법은 가려움증을 완전히 치료한다기보다는 완화시킨다는 말이 더 정확한 표현이다. 8~10주 동안의 식이요법을 끝내고 다시 이전에 먹이던 음식을 줬을 때 가려움증이 재발한다면 100퍼센트 음식 알레르기라고 생각하면 된다.

배제 식이요법이 효과가 있다면 한 번에 한 가지씩 다른 성분을 첨가해 본다. 가려워하면 빼고 이상이 없으면 첨가하는 식으로 식단을 완성해 간다면 가려움증도 없고 영양적으로도 균형을 이룬 맞춤형 장기 식단을 만들 수 있다.

집에서 만든 음식을 줬을 때는 이상이 없다가 시판용 사료를 주면 가려움, 구토, 설사 등의 문제를 호소하는 경우가 있다. 집에서 만들어 주는 음식과 사료 성분이 거의 비슷해도 이런 증상이 나타날 수 있는데, 이는 가정식에는 들어 있지 않지만 사료에는 들어 있는 각종 첨가제, 화학조미료, 인공색소, 방부제, 향료 등에 따른 식이 불내성에서 그 원인을 찾을 수 있다. 상업용 사료보다 천연 가정식이 좋은 여러 이유 중 하나가 이것이다.

수의사가 처방하는 저알레르기성 처방 사료가 있기는 하지만 마음 편히 추천할 수 있는 '천연' 저알레르기성 사료를 찾기는 어렵다. 다른 사료와 마찬가지로 이런 사료도 첨가제, 화학조미료, 동물 부산물 등이 들어 있을 수 있기 때문이다. 이런 성분은 알레르기의 정확한 원인을 찾는 검사에 혼란을 주기도 한다. 인공 첨가물이 들어가지 않은 몇 안 되는 천연 사료도 보통 너무 많은 성분이 들어 있어 알레르기 유발물질을 정확히 찾아내기가 쉽지 않다. 그러나 알레르기 유발 성분이 무엇인지 확인된 상태라면 유발 성분이 들어 있지 않은 사료를 급여하는 것도 괜찮다.

알레르기와 식이요법에 관한 더 자세한 내용은 홀리스틱 수의사에게 자문을 구하도록 한다. 7장에서 다루는 알레르기가 있는 동물을 위한 천연 식단 프로그램도 참고한다.

다음은 저명한 수의사이자 피부병학자인 로이드 리디Lloyd Reedy 박사와 리드 가필드Reid Garfield 박사가 쓴《피부병, 음식 알레르기》에서 발췌한 음식 알레르기의 진단과 치료에 대한 핵심 사항이다.

1. 음식 알레르기는 가려움, 구토, 설사, 귀와 피부의 감염을 유발하는 비계절성 피부병이다.
2. 음식 알레르기는 모든 연령에서 발생할 수 있으나 대부분 2살 이상에서 발생한다.
3. 음식 알레르기는 아토피 피부염과 비교해 훨씬 드물게 발생한다.
4. 음식 알레르기는 피부검사나 혈액검사에 의해서도 정확히 진단할 수 없다. 시험적으로 배제 식이요법을 실시해야 한다. 이 기간 동안에는

특정한 식단 외 어떤 것도 먹여서는 안 된다.

> ### ❖ '양고기와 쌀'로 만든 사료의 진실
>
> 한동안 많은 반려인이 '양고기와 쌀'로 만든 사료에 관심을 보였다. 양고기와 쌀이 나쁜 것은 아니지만 상품을 더 팔기 위한 광고 전략은 그릇된 오해를 낳기도 한다. 어떤 사료회사는 양고기와 쌀로 만든 사료가 '저알레르기 유발성' 식품이라고 주장했다. 이들은 새로운 사료를 판매하기 위해 양고기와 쌀로 만든 사료를 가장 최신이자 최고의 사료 성분이라고 홍보한 것이다. 그러나 이런 사료를 구입하기 전에 정말 도움이 되는지 고려해 봐야 하는 것이 몇 가지 있다.
>
> ▶ 수의사 사이에서도 실제로 음식 알레르기가 얼마나 흔한가에 대해서는 논쟁의 여지가 많으나 중요한 것은 '모든 음식'은 음식 알레르기를 유발할 수 있다는 점이다. 많은 홀리스틱 임상 수의사들이 다수의 상업용 사료가 음식 알레르기나 일반적인 질병 발생에 영향을 미친다고 생각하는 반면에 진짜 음식 알레르기는 아주 드물다고 주장하는 수의사도 많다. 실제로 피부병의 원인이 음식 알레르기인 경우는 매우 드물어서 실제로 음식 알레르기를 경험하는 개는 10퍼센트 미만에 불과하다.
>
> ▶ 양고기와 쌀이 본질적으로 저알레르기 유발 성분이라는 근거는 어디에도 없다. 음식 알레르기는 주로 일정 기간 동안(거의 몇 년간) 동물이 먹던 단백질원에 의해 발생한다. 반려견이 양고기를 한 번도 먹어 본 적이 없다고 가정해 보자. 당연히 양고기에 의해 알레르기가 발생하는 일도 절대 없을 것이다. 그러나 양고기 성분의 사료를 먹이기 시작한다면 훗날 양고기에 의한 알레르기 반응이 나타날 가능성이 있다.
>
> ▶ 음식 알레르기로 진단을 받은 동물은 저알레르기성 식단이 필요하다. 만약 반려견에게 계속 양고기를 먹여 왔다면 적합한 대체식품을 찾는 일은 꽤나 어렵고 비용도 많이 들 것이다. 대체 성분으로 토끼고기, 생선, 칠면조, 새우, 바닷가

> 재, 사슴고기 등을 고려해 볼 수 있다.
> ▶ 양고기와 쌀을 주성분으로 하는 사료의 상당수가 달걀, 밀, 콩, 소고기, 생선, 닭고기 등의 성분도 함께 포함하고 있는 경우가 많다. 때문에 '양고기와 쌀'이라고 표시된 사료라고 해도 나머지 성분에 의해 알레르기가 발생할 수 있다. 만약 당신이 '양고기와 쌀'로 만든 사료를 선택한다면 사료에 어떤 성분이 추가로 들어 있는지 포장의 성분 표시를 잘 읽어봐야 한다.
>
> 물론 양고기를 먹이는 것이 개의 건강을 해치는 것은 아니다. 그러나 양고기를 먹임으로써 얻는 영양상의 특별한 이점이 없음을 생각한다면 굳이 그것을 먹일 이유도 없다.

5. 음식물에 들어 있는 주요 알레르기 유발물질로는 소고기, 닭고기, 우유, 달걀, 생선, 밀, 콩, 옥수수 등이 있는데, 이것들은 사료의 주요 성분이기도 하다. 양고기는 저알레르기 유발성 식품이 아니며 다른 단백질원과 마찬가지로 일정 기간 급여하면 음식 알레르기가 발생할 수 있다.

6. 간혹 신속히 효과를 나타내는 경우도 있지만 '시험적인 식이요법'은 보통 12주 정도 꾸준히 실시해야 한다.

접촉성 피부염

접촉성 피부염이 가려움증의 원인인 경우는 흔치 않다. 접촉성 피부염은 알레르기 유발물질과의 직접적인 접촉에 의해 발생하는 염증 반응으로 주로 국소용 약제로 치료했던 피부(주로 귀)에서 발생한다. 피부반응은 접촉 직후에 갑자기 일어나는데 약물 외에도 비누, 소독제, 제초제, 살충제, 비료, 벼룩 예방용 칼라 등에 의해서도 발생할 수 있다.

벼룩 예방용 칼라는 접촉성 피부염의 주요 원인 중 하나인데 칼라 주변에 원형으로 탈모, 염증, 발적 등의 증상이 나타난다. 비누와 잔디 관리용 약품도 복부, 겨드랑이, 가랑이 부위의 피부염을 유발할 수 있다. 자극 물질을 핥은 경우에는 입 안에 병변이 발생하기도 한다.

접촉성 피부염의 진단은 외형상의 특징과 알레르기 유발물질에의 노출 여부를 통해 이뤄진다.

접촉성 피부염의 치료

일반적인 치료는 알레르기 유발물질을 씻어내는 것이다. 염증 완화를 위한 보완적 치료법으로 콜로이드 오트밀에 알로에 베라를 섞어 환부에 뿌려 주거나 헹궈 낸다. 유황, 레듐, 우르티카 우렌스 등을 이용한 동종요법이나 허브요법(에키네시아, 쐐기풀, 라벤더)을 적용할 수 있다. 식물성 천연 스테로이드가 함유된 약제를 이용할 수도 있는데 영지, 인삼, 지황, 감초, 시호, 대추, 귀갑, 고삼 등이 여기에 속한다. 식물성 스테로이드는 일반적으로 합성 스테로이드에 비해 효과는 약하나 부작용이 훨씬 적다. 만약 가려움증을 완화시키는 데 효과가 미미하다면 저용량의 코르티코스테로이드와 항히스타민제를 단기간(보통 24시간 미만) 처방해 볼 수 있다.

약물과민반응

약물과민반응은 사람에서도 매우 흔한데 그 증상의 하나로 피부 문제가 발생하기도 한다. 동물에게는 사람만큼 흔하게 나타나지 않아 대략

1,000마리당 3마리꼴로 가려움증을 유발한다. 알레르기 반응은 약물의 종류나 투여 방식에 상관없이 나타날 수 있다.

약물과민반응은 아토피 등의 다른 피부병으로 오인되기도 한다. 대부분 약물 투여 후 1~2주 안에 발생하지만 약물 투여를 중단하고 며칠 후부터 나타나거나 심지어 몇 년 후에 나타날 수도 있다.

<u>주류 수의학이나 대체 수의학에 사용되는 모든 약물은 알레르기 반응을 유발할 수 있다.</u> 일부 약물은 이런 과민반응을 예견할 수 있는데 예를 들어 화학요법제나 면역억제제 등은 탈모나 가려움증을 유발하기 쉽다. 그러나 다른 약물은 개체의 면역반응이나 유전적 소인에 의해 일어나므로 예측하기가 어렵다.

과거 병력, 피부조직검사, 약물 중단 후의 개선 여부에 따라 약물 과민반응을 짐작할 수 있다. 그러나 중독성 표피박리증toxic epidermal necrolysis(약물 독성으로 인해 피부가 괴사되며 벗겨지는 증상)과 같은 치명적인 부작용은 약물을 중단해도 별다른 도움이 되지 않을 수 있다.

❖ 개에게 과민반응을 일으키는 주요 약물

개에게 과민반응을 일으키는 주요 약물은 다음과 같다.
광견병 예방백신(특히 푸들, 테리어 종), 설파제(특히 도베르만핀셔, 미니어처슈나우저), 다양한 샴푸(미니어처슈나우저), 페니실린, 광견병 이외의 백신, 아미트라즈(모낭충 치료 시 사용), 테트라사이클린, 바르비투르산염(barbiturate), 이버멕틴(ivermectin, 하트가드 등의 심장사상충 예방약에 흔히 사용), 다양한 국소용 약물, 귀연고 등

행동학적 문제

지속적으로 피부를 긁는 행동은 일부 동물에서 신체적인 문제가 아니라 정서적인 문제에서 기인한 경우가 있다. 흔히 간과되는 가려움증의 예로 신경성 피부병이 있는데, 행동학적인 스트레스에 의해 몸을 긁는 것이다. 드물기는 하지만 이런 스트레스 상태의 개는 피부를 지나치게 핥거나 깨물어서 털이 빠지거나 속살이 드러날 정도로 빨갛게 된 병변이 나타난다. 수의사들은 일반적으로 사람들이 습관처럼 손톱을 깨무는 것처럼 불안이나 강박관념에서 기인해서 이런 증상이 나타난다고 생각한다.

신경성 피부병의 원인은 매우 다양해서 한마디로 정의하기가 어렵다. 혈통적인 소인도 원인이 될 수 있는데 도베르만핀셔, 그레이트데인, 래브라도리트리버, 아이리시세터, 저먼셰퍼드와 같이 신경이 예민한 견종은 종종 이런 행동을 보인다. 충분히 활동하고 강한 유대 관계가 필요한 견종이 반려인과 강제로 떨어지는 상황도 신경성 피부병의 원인이 될 수 있다. 특히 신경이 예민하거나 반려인과의 유대가 강한 개는 반려인과 떨어질 경우 통제할 수 없을 정도로 몸을 긁고는 한다.

기본적으로 병력과 병변의 외양을 살펴보고 진단하는데 경우에 따라 진단이 수월할 수도 있고 난해할 수도 있다. 피부조직검사를 포함한 피부병학적 검사는 피부암이나 기타 심각한 질환의 감별에 도움이 된다.

행동학적 문제의 치료

일반적인 치료는 행동교정 약물요법과 훈련을 이용한다. 보완적 치료법으로는 카바카바kava kava를 이용한 허브요법이나 레스큐 레메디Rescue Remedy 같은 플라워 에센스 요법을 이용한 행동교정약물요법이 있다.

어떤 방법을 선택하는가에 관계없이 개의 불안감을 없애 주는 훈련이 매우 중요하다. 이는 수의사나 반려인이 간과하기 쉬운데 행동교정약물요법은 시간이 오래 걸리고 반려인의 인내가 필요함을 잊어서는 안 된다. 완치까지 상당한 시간이 소요되며 경우에 따라 완치가 불가능할 수도 있다.

피부암

피부암이 가려움증의 원인인 경우는 흔치 않지만 피부에 다양한 병변을 유발할 수 있다. 히스타민을 분비하는 비만세포종양은 국소적으로 가려움증을 유발할 수 있다. 동물의 피부에서 정상적이지 않은 혹이나 덩어리가 보인다면 수의사의 진료를 받아야 한다. 안타깝게도 많은 반려인이 피부의 병변을 모르고 지나가거나 단순한 지방종이나 낭종일 것이라고 '추측'해서 지나쳐 버리고는 한다. 또한 양성 피부종양이 마치 악성 피부종양(암종)처럼 보이기도 한다. 때문에 수의사는 단지 '상태를 지켜보는 것'보다는 신생물을 채취해 검사해야 한다. 홀리스틱적 사고를 가진 반려인과 수의사도 마찬가지로 암종이 퍼져 죽음에 이르는 과정을 그냥 지켜보기만 해서는 안 된다.

흔히 사마귀라고 부르는 유두종papilloma은 일반적으로는 별로 위험하지 않으므로 그대로 두거나 반려인이 원하면 수술로 제거할 수 있다.

갑상선호르몬과 기타 내분비계 질환

개의 갑상선 질환은 진단이 제대로 안 된 상태로 있다가 만성질환의 원인이 된다. 갑상선기능저하증(갑상선호르몬결핍증)은 아마도 수의사가 진단하는 내분비계 질환 중 개에게 가장 흔한 질환일 것이다. 개가 자신의 갑상선에 대해 항체를 만들기 때문에 종종 자가면역 질환으로 여겨지기도 한다. 이 항체로 인해 갑상선은 너무 적은 양의 호르몬을 만들어 내게 된다.

내가 대학에 다닐 때만 해도 갑상선기능저하증의 '전형적인 임상 증상'은 비만, 탈모, 따뜻한 곳을 찾는 행동 등이었다. 그러나 지난 수년 동안 수의사들은 갑상선 이상은 다양한 임상 증상을 나타내며 몇몇 질병과 증상이 매우 유사함을 발견했다. 나의 경우만 해도 갑상선 질환을 '전형적인 임상 증상'만으로 확인한 경우는 극히 드물었다.

얼마 전에 나는 매우 특이한 갑상선기능저하증을 앓고 있는 개를 만났는데 이 사례는 내가 쓴 《개 관절염의 모든 것 The Arthritis Solution for Dogs》에서도 다뤘다. 이 개는 갑상선 이상으로 인한 '관절염'과 '알레르기'를 모두 가지고 있었다.

앵거스란 이름의 이 개는 원래 고관절(엉덩이관절)이형성으로 추정되어 침술 치료를 받기 위해 나를 찾아왔다. 갑상선기능저하증이 고관절이형성이나 관절염과 얼마나 유사한 증상을 나타내는지에 대한 자세한 내용은 위의 책을 참고하기 바란다.

앵거스는 중성화수술을 한 7살 먹은 로트와일러 수컷이었는데 반려인은 다른 두 명의 수의사를 거쳐 나를 찾아왔다. 고관절이형성에 따른 2차적인 관절염을 진단받기 위해 내원했는데 나는 체중이 68킬로그램이었던 앵거스가 현재 15킬로그램 정도 체중 초과 상태임을 발견했다. 반려인도 그 점을 잘 알고 있었다. 앵거스의 평상시 체중은 55킬로그램 정도였는데 최근 들어 살이 찌면서 몸을 움직이는 데 어려움을 느끼는 것

같다고 했다. 나를 찾아오기 2~3주 전부터 점점 기운이 없더니 내원 일주일 전부터는 웅크리고 앉아 있다가 일어나면 '술 취한 듯이 비틀거린다'고 했다.

반려인에게 들은 바로는 포도상구균 감염에 의한 농피증 재발 병력이 있었는데 이는 개에게는 흔한 세균성 피부 감염으로 항생제로 잘 치료된다. 이전 병원의 수의사는 앵거스의 지속적인 가려움과 피부 감염의 재발이 아토피 피부염에 의한 가능성이 높다고 진단했지만 이를 확인하기 위해 특별한 검사를 실시하지는 않았다. 또한 앵거스는 비만 방지용 사료를 꾸준히 줬는데도 체중 감량에 실패한 상태였다.

진찰하는 동안 나는 앵거스의 몸이 상당히 뻣뻣하고 움직임이 둔한 비만견의 모습을 관찰할 수 있었다. 다리를 만졌을 때 특별한 통증을 호소하지도 않았고, 술 취한 사람처럼 뒷다리가 흔들거리기는 했으나 앞다리와 뒷다리 모두 신경학적 이상은 발견되지 않았다. 뇌의 문제를 의미하는 뇌신경 기능도 정상이었다. 앵거스는 양쪽 앞발에 가벼운 부종이 있기는 했지만 통증을 호소하거나 열감이 느껴지지도 않았다. 반려인에 따르면 벼룩이나 진드기 같은 외부기생충에 노출된 적도 없었다.

청진 시에도 심장음이나 폐음에서 어떤 이상도 발견할 수 없었으며 맥박도 활력 있고 규칙적이었다. 복부 촉진과 림프절 검사에서도 정상이었고, 말초 림프절도 확장되어 있지 않았다. 구강 검사상 심한 치석으로 인해 2등급 정도의 치주 질환 소견을 보였다. 소변검사도 정상이었다. 방사선검사상 고관절이형성과 속발성 관절염 소견은 관찰되지 않았다. 물론 관절염으로 나를 찾는 개의 절반 정도만 전형적인 임상 소견을 보이고는 했지만 앵거스의 경우 고관절이 극히 정상이었으며 치료도 불필요했다.

앞서 진찰한 수의사 2명이 오진을 한 앵거스의 임상 증상은 무엇이었을까? 갑작스런 무기력증, 비틀거리는 걸음걸이, 고관절이형성의 치료에 흔히 사용되는 비스테로이드성 소염제NSAIDs에 대한 반응 결여, 피부 질환 재발 등에 기초하여 나는 CBC 검사(전혈검사)와 혈액화학검사를 실시했다. 검사 결과는 콜레스테롤이 높고, 빈혈, 매우 낮은 수치의 갑상선호르몬 소견을 보였다. 결론은 간단했다. 앵거스는 갑상선기능저하증을 앓고 있었던 것이다. 모든 임상 증상과 혈액검사 결과가 이를 말해주고 있었다.

갑상선호르몬 보조제와 체중 감량 식단을 처방한 뒤 앵거스의 증상과 혈액검사 수치는 정상으로 돌아왔다. 정상적으로 걸어다니며 적정 체중에 근접할 정도로 상태가 매우 좋아졌다. 게다가 앵거스의 갑상선 이상이 통제 가능한 상태가 되면서 피부 감염이 발생하는 일도 많이 줄었다(갑상선기능저하증은 만성 피부 감염을 유발할 수 있다).

동물의 피부 질환은 여러 원인에 의해 복합적으로 야기될 수 있으므로 어쩌면 앵거스는 아토피 피부염이 있었을 수도 있다. 이런 이유로 많은 수의사가 진단과 치료에서 혼란을 느끼고 낙담하기도 한다. 다행히 앵거스는 갑상선기능저하증 진단을 받고 적합한 치료를 시작한 이후 피부 상태가 훨씬 좋아졌다.

앵거스의 경우는 매우 특이하기는 하지만 알레르기와 유사한 증상을 나타내는 수많은 질병의 한 예일 뿐이다. 반복적인 피부 감염이 재발된다면 신속히 검사를 통해 다른 이상은 없는지 확인해 봐야 한다. 정확한 진단을 내리고 최선의 치료를 하기 위하여 적절한 검사가 선행되어야 함은 두말할 필요도 없다. 자세한 검사 방법에 관해서는 3장에서 다루도록 한다.

2장 복습하기

- 알레르기 치료에 앞서 정확한 진단을 받는 것이 중요하다.
- 아토피 피부염이 개에게 가려움증을 유발하는 가장 흔한 원인이기는 하지만 다른 원인도 많다.
- 미세진드기는 개에게 두 번째로 흔한 가려움증의 원인이다.
- 곤충, 벼룩, 약물, 접촉성 알레르기 유발물질, 음식물 등에 의한 과민증도 피부에 문제를 일으킬 수 있다.
- 피부 병변과 몸을 긁는 행동은 피부암이나 갑상선 질환에 의해서도 나타날 수 있다.
- 일반 치료법과 보완적 치료법을 이용해서 몸을 긁는 가려움증의 원인을 치료할 수 있다.

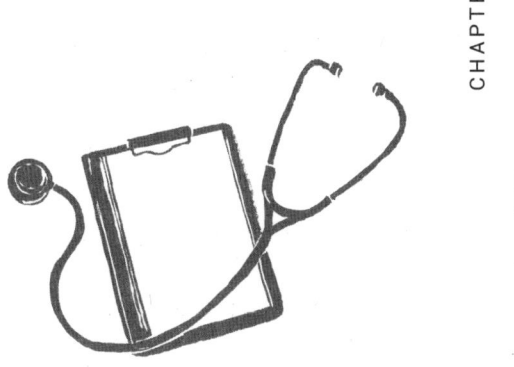

CHAPTER 3

어떤 수의사에게 어떤 진료를 받을까?

피부 알레르기 증상이 있는 동물을 데리고 동물병원을 방문한다면 어떤 것을 기대할 수 있을까? 수의사에 따라 개가 받게 되는 일련의 진료 절차도 상당한 차이가 있다. 보완적 치료법에 폐쇄적인 입장을 보이는 '100퍼센트 주류 수의학적' 수의사는 일반적인 치료법만 제안하는 반면 기존 주류 수의학 치료에 폐쇄적인 입장을 보이는 '100퍼센트 대체 수의학적' 수의사는 완전히 다른 치료법을 제시할 것이다.

'100퍼센트 주류 수의학적' 수의사는 침구요법, 허브요법, 영양보조요법 등은 거들떠보지도 않는다. 대신에 그들은 주류 수의학에만 의존한다. 이런 수의사 중 일부는 다양한 진단적 접근의 한계를 보일 수도 있으며 다양한 약물로 치료를 시도하면서 상태를 '지켜보는' 자세를 취하고는 한다.

반대로 '100퍼센트 대체 수의학적' 수의사는 가려움증이나 염증 완화를 위한 단기간의 주류 수의학 약물 사용에 대해 폐쇄적인 입장을 취한다. 이런 수의사들은 주류 수의학의 다양한 진단 방법을 무시하고 그저 임상 증상에 기초한 보완적 치료법에만 의존하기도 한다.

나는 최고의 수의사는 이 두 가지를 모두 갖춘 홀리스틱 수의사라고 생각한다. 기존의 주류 수의학과 대체 수의학을 함께 병용하면 단점을 서로 보완해 줄 수 있기 때문이다. 그것이 내가 이 책에서 말하고자 하는 핵심이다. 동물의 입장에서 가장 중요한 것은 열린 마음으로 최선의 치료를 하는 것이다. 그런 수의사는 반려동물에게 최고의 진료를 제공할 수 있다.

홀리스틱 수의사

내가 반려인들을 상대로 강의를 하거나 책과 관련된 인터뷰를 할 때면 왜 더 많은 수의사들이 홀리스틱 의학holistic medicine(전체론적 의학)을 행하지 않느냐는 질문을 자주 받는다. 여기에는 몇 가지 이유가 있다.

첫째, 수의사들은 대학에서 홀리스틱 의학에 관한 교과과정을 이수하지 않는다. 건강관리나 질병 예방에 초점을 맞춘 내용을 가르치는 대학도 드물다. 의과대학에서도 지금에서야 비로소 이런 내용을 교과과정에 편입시키기 시작했으니 시간은 걸리겠지만 수의과대학에도 이러한 교과과정이 개설되리라 믿는다.

수의과대학의 전통적인 약리학 강좌는 주류 수의학의 약물 치료에만 초점을 맞추고 있고 허브요법과 같은 천연요법은 무시한다. 많은 훌륭한 약물에 대해 잘 아는 것도 중요하지만 장차 수의사가 될 학생들에게는 천연요법에 관한 강의 몇 시간이 흥미롭고 새로운 치료법에 대한 탐구의 출발점이 될 수도 있다.

내가 대학에 다닐 때만 해도 교육과정은 임상 증상과 징후를 통한 진단과 치료에 중점을 두었다. 정확한 진단을 내리고 질병을 치료하는 것은 분명 중요하다. 그러나 그보다 더 중요한 것은 애초에 질병을 예방하는 것이며, 이것이 바로 홀리스틱 수의사들의 질병 접근법이다.

소수의 수의사만이 홀리스틱 의학을 행하는 두 번째 이유는 홀리스틱적 진료를 하려면 많은 시간을 할애해야 하기 때문이다. 일반 수의사들은 시간당 4건 이상의 진료 예약을 잡는다. 그러나 홀리스틱 수의사는 아픈 동물의 병력을 청취하고 질병 예방 프로그램에 관한 이야기를 자세히 해야 하기 때문에 시간이 더 걸려서 현실적으로 시간당 1~2건의 진료밖에 할 수 없다.

세 번째 이유는 두려움이다. 아직도 상당수 수의사들은 주류 수의학이 아닌 것을 말하는 수의사를 모두 돌팔이라고 생각한다. 언젠가는 엄격한 검증을 거쳐 이런 보완적 치료법이 인정받을 수 있는 날이 오리라 생각하지만 현재로서는 나를 찾아온 동물을 돕기 위해 나름대로 최선을 다하는 수밖에 없다.

물론 자질 없는 몇몇 돌팔이 수의사가 있을 수도 있고, 어떤 치료법은 여전히 의문의 여지가 있다. 하지만 일반적으로 이용되는 보완적 치료법은 대체로 상당한 근거를 확보하고 있다. 예를 들어 4,000년의 역사를 가진 침술의 효용을 입증하기 위해서 많은 비용과 노력을 쏟아 부을 필요가 있을지 의문이다. 이미 긴 시간에 걸쳐 검증된 치료법이기 때문이다.

홀리스틱 수의사 찾기

홀리스틱적 사고를 가진 좋은 수의사를 찾으려면 조사가 필요하다. 우선 반려동물의 주치의에서부터 시작해 보자. 만약 주치의가 보완적 치료법에 열린 마음을 가지고 있다면 치료에 필요한 요건을 충족시켜 줄 수도 있고 필요하면 홀리스틱 수의사를 소개해 줄 수도 있다. 그러나 주치의가 홀리스틱 접근법에 마음이 열린 사람이 아니라면 스스로 다른 수의사를 찾아야 한다.

참고로 많은 수의사들은 직접 침술요법이나 허브요법을 처방하지는 않아도 알레르기 치료의 일환으로 영양보조요법을 사용한다. 이는 주치의가 꼭 홀리스틱 수의사를 소개해 주지 않아도, 간단한 보완적 치료법을 직접 할 수도 있음을 의미한다. 진심으로 치료의 일환으로 영양보조요법이 꾸준히 이용되었으면 좋겠다.

만약 현재 단골 병원이 없거나, 지금의 수의사가 홀리스틱적 관점을 가지고 있지 않다고 생각되면 적당한 수의사를 소개해 줄 만한 사람에게 문의한다. 동물 건강식품 전문점, 천연식품 판매점, 관련 커뮤니티 등에서 정보를 얻을 수도 있다.

좋은 수의사를 찾는다는 것이 간단한 일은 아니지만 가능한 한 많은 수의사의 리스트를 작성하여 차례로 직접 방문해 본다. 반려인과 수의사의 관계는 동물의 건강과 직결되는 문제이므로 반려인과 수의사의 관계도 고려해야 한다. 수의사가 다양한 주류 수의학과 보완적 치료법에 대해 열린 사고를 한다면 먼저 반려견의 전반적인 건강 상태부터 체크해 본다.

> **❖ 수의사에게 질문하기**
>
> 홀리스틱 수의사를 방문하거나 전화통화를 할 경우 짧은 시간 동안 효율적인 대화를 나누기 위해 미리 질문 리스트를 작성해 두면 도움이 된다. 다음은 반려견의 아토피 피부염을 진료한 수의사에게 던지는 질문의 좋은 예이다.
>
> ▶ **질문** 어떻게 아토피 피부염이라는 진단을 내리셨나요?
> **이상적인 대답** 피부 스크래핑 검사, 곰팡이균 배양검사, 피부조직검사, 갑상선 검사를 포함한 혈액검사 등을 종합하여 진단했습니다.
>
> ▶ **질문** 가려움을 완화시킬 목적으로 약물을 사용하는 것에 대해 어떻게 생각하시나요?
> **이상적인 대답** 필요한 경우 단기간의 코르티코스테로이드나 항히스타민제의 사용을 고려하고 있습니다. 그러나 이런 약제의 장기적인 사용은 다른 치료에 대해 반응을 보이지 않는 경우에만 제한적으로 사용합니다. 약물치료를 장기간 받는 경우에는 2~3개월마다 신체 상태에 대한 모니터링과 부작용 확인을 위한 검사가 필요합니다.
>
> ▶ **질문** 어떤 유형의 식단으로 먹여야 할까요?
> **이상적인 대답** 천연 성분의 사료나 가능하다면 가정식을 추천합니다.
>
> ▶ **질문** 만성적 알레르기를 어떻게 치료하나요?
> **이상적인 대답** 영양보조요법, 허브요법, 동종요법, 침술요법 등을 사용하며 필요한 경우 단기적으로 알레르기 약물도 처방합니다.

피부병 진료 과정

반려인이 원하는 최고의 수의사를 찾았다면 동물병원을 방문했을 때 무엇을 해야 할지 생각해 보는 게 좋다. 첫 번째 방문이라면 건강 상태 체크와 피부병의 원인을 진단하기 위한 검사를 위해 30~60분 혹은 그 이상의 시간이 소요될 수 있다. 일단 동물병원을 방문하면 병력 청취, 진찰, 임상병리검사 과정을 거친다.

병력 청취

반려인이 제공하는 동물의 자세한 병력 및 정보는 수의사가 정확한 진단을 내리는 데 매우 중요한 역할을 한다. 이는 진찰 시 어느 부위를 특별히 꼼꼼하게 살펴봐야 하는지를 알려 주고, 진단을 위해 어떤 임상병리학적 검사를 실시할지를 결정하는 데 도움을 준다. 이전 수의사로부터 받은 진료 기록이나 관련 문서는 물론 집에서 반려인이 손수 적어 놓은 메모도 정확한 진단과 치료를 위해 큰 도움이 된다.

- 방문 시 지참해야 할 것

효율적인 동물병원 방문이 되려면 보호자는 적극적인 협력자가 되어야 한다. 동물병원을 방문하기 전에 다음 사항을 미리 준비하자.

- 언제부터 가려움증으로 고생하기 시작했는지, 증상이 얼마나 오랫동안 지속되었는지에 대한 정확한 정보를 제공한다. 가끔씩 피부 문제가 발생하는 경우라면, 당시 환경을 기록해 둔다. 1년 중 언제였는지, 주변 환경에 특별한 식물이 있거나 꽃이 피지는 않았는지, 낯선 장소를

방문하거나 여행을 가지는 않았는지 등을 기록해 둔다.
- 반려견의 모든 진료 기록, 가능하다면 최근에 방문한 동물병원과 수의사의 이름, 주소, 전화번호 등도 제공한다. 이미 받은 여러 검사 결과도 준비한다.
- 반려견이 이전에 받은 모든 치료에 대해 적고, 어떤 효과가 있었는지를 기록한다.
- 심장사상충 예방약, 벼룩·진드기 예방약 등 반려견에게 투여한 모든 약물에 대해 수의사에게 알린다. 약 케이스나 포장을 수의사에게 가지고 가면 수의사가 내용을 아는 데 도움이 된다. 간혹 복용량이나 복용 횟수 등이 잘못된 경우가 있는데 이럴 경우 약효가 제대로 나타나지 못하기도 한다.
- 반려견이 먹은 음식의 성분과 양을 알려 준다.
- 반려견의 소변과 대변, 전반적인 건강 상태에 따른 내용을 가능한 한 자세히 관찰해서 알려 준다.
- 가려움증 외에 반려견이 앓았던 모든 건강상의 문제를 목록으로 만든다. 이를 통해서 아토피가 아닌 다른 진단 결과를 가져올 수도 있고, 단순히 알레르기에 더한 부수적인 문제일 수도 있다.
- 함께 사는 사람이나 동물에게 피부 이상이 없는지 검사한다.

진찰

병력 청취 및 다른 주요 사항을 질문한 뒤 수의사는 개를 진찰할 것이다. 나는 신체검사를 크게 두 가지로 나누어 실시하는데 하나는 전신적인 신체검사이고, 두 번째는 피부에 특화된 검사이다.

전신 신체검사를 통해 머리부터 발끝까지 꼼꼼히 검사한다. 이때 피부병과 관련된 부분은 무시한 채 몸의 다른 이상 유무를 발견하는 데 집중한다. 때로는 가려움증의 원인이 다른 부위의 이상과 관련이 있기도 하고, 때로는 우연히 가려움증과 함께 다른 부위의 이상이 동시에 발생하기도 한다.

전신 신체검사를 마친 다음 전반적인 관리에 대한 이야기를 해 준다. 예를 들어, 가려움증으로 내원했는데 신체검사 시 심장 이상을 의미하는 심잡음이 나타났거나 암 가능성이 있는 종양이나 혹이 피부에서 발견되었다고 가정해 보자. 이런 질병은 그냥 무시하고 지나칠 수 없는 것들이며, 아마도 내원 목적인 피부병 치료보다 더 우선시해야 하는 문제일 수 있다. 때문에 동물병원을 찾는 모든 동물은 단순히 가려움증을 치료할 목적으로 내원했더라도 전신적인 신체검사가 필요하다.

두 번째 신체검사는 피부의 상태를 평가하는 것이다. 피부병학적인 검사를 통해 보호자가 주로 호소하는 문제들을 확인한다. 검사하는 동안 반려견이 편안하게 느낄 수 있는 환경을 만들어 자연스럽게 긁고 핥고 깨물고 문지르는 등의 증상을 관찰한다. <u>보통 가려움이 심하지 않은 개들은 병원에서 이런 행동을 보이는 경우가 드물지만 중증도 이상의 가려움증이 있는 개는 의사가 반려인과 이야기를 나누는 동안에도 쉬지 않고 몸을 긁고 깨물고 핥는 경우가 많다.</u>

자연스러운 상태에서 개를 관찰한 뒤에 머리부터 발끝까지 피부 상태에 초점을 맞추고 꼼꼼한 검사를 실시한다. 검사를 통해 예전에 앓았던 피부 병변과 새롭게 생긴 병변을 확인할 수 있으며 염증 정도도 판단할 수 있다. 기생충 감염 유무도 검사하며, 병변 주위의 털은 물론 전반적인 피부 상태도 검사한다. 특히 아토피 피부염이 잘 발생하는 겨드랑이, 배, 발, 사타구니 부위를 눈여겨 검사한다. 가려움을 호소하는 경우 귀 검사를 함께 실시하는데 피부 발적을 일으키고 염증이 생겨 귀에 효모균이나 세균에 의한 2차 감염이 발생하는 경우가 많기 때문이다.

'가장 안 좋은 상태'를 관찰하는 것이 중요하므로 병원을 방문하기 며칠 전부터 목욕이나 귀 청소를 하지 말 것을 반려인에게 당부한다. 며칠 동안 지저분한 상태를 지켜보는 게 힘들겠지만 병변의 흔적을 없애 버리면 질병의 정확한 원인을 찾아내기가 어렵기 때문이다.

검사의 마지막 단계는 확대경으로 피부를 검사하는 것이다. 맨눈으로는 미세한 병변을 보기 어려워 쉽게 놓치므로 정확한 피부병학적 검사를 하기 위해서는 적절한 조명을 갖춘 확대 장치가 필수이다.

임상병리검사

임상병리검사는 앞의 두 단계의 진찰을 통해 얻은 질병의 실마리를 풀어내는 데 중요한 역할을 한다. 그런데 가려움증을 호소하는 동물 중에서 임상병리검사를 받지 않은 경우가 많다. 실제로 나를 찾는 동물 중에도 상당수가 알레르기라고 진단을 받았음에도 임상병리검사를 한 번도 받아 본 적이 없는 경우가 많았다. 아토피 피부염 진단에 도움이 되는 임상병리검사로는 피부검사, 혈액검사, 피부생검(조직검사) 등이 있다. 또한 2장에서 다뤘던 유사 질환과의 감별 진단을 위해서도 검사가 필요하다.

아토피 피부염 증상을 명확하게 보이는 동물도 임상병리검사를 통해 확진을 내릴 수 있다. 항원요법(동물의 면역력을 형성해 주기 위해 소량의 항원을 주사하는 방법)으로 치료하기로 결정했다면 일부 임상병리검사는 매우 유용하며 치료를 위한 다양한 정보를 제공할 수 있다.

피부검사

알레르기 검사의 핵심은 피내 알레르기 반응검사라고 부르는 피부검사이다. 극소량의 항원을 동물의 피부 몇 군데에 주사하고 15분과 30분 후에 접종 부위를 검사해서 양성인지 음성인지를 판단한다(양성 반응은 알레르기 반응을 의미한다). 대부분의 동물은 잘 참아내지만 예민한 동물은 마취보다 약한 정도의 진정 처치가 필요한 경우도 있다. 검사 시에는 양성 반응 대조군으로 히스타민과 음성 반응 대조군으로 멸균 증류수도 함께 주사한다.

경험이 풍부한 수의사는 주사 부위를 눈으로 보고 반응 여부를 평가할 수 있지만 대부분은 객관적인 평가를 위해 반응 부위를 직접 측정하고 양성 및 음성 대조군과 비교한다. 때문에 검사를 실행하고 결과를 정확히 평가하려면 수의피부과 전문의나 숙련된 임상 수의사가 필요하다.

숙련된 수의사가 세심하게 검사를 해도 위양성false positive과 위음성 false negative 반응이 나올 수 있다. 위양성이란 검사 결과는 양성이지만 실제로는 그렇지 않은 상태를 말하고, 위음성은 개가 검사 물질에 알레르기 반응을 나타내지 않지만 실제로는 알레르기가 있는 경우이다.

아토피 피부염을 진단하기 위해 피내 알레르기 검사를 실시할 때에는 다음 사항을 고려해야 한다. 알레르기 항원의 선택, 항원 혼합물의 사용, 사전 약물 투여가 그것이다.

항원의 선택

피내 알레르기 반응검사는 실제로 그 지역의 항원을 가지고 실시했을 때 가장 효과적이다. 동물은 접촉하기 쉬운 알레르기 유발물질에 의해 알레르기가 나타나므로 해당 지역의 알레르기 유발물질이 반드시 검사 항목에 포함되어야 한다. 예를 들어, 내가 살고 있는 지역은 우산잔디가 동물에게 알레르기를 유발해 큰 문제가 된다. 때문에 만일 우산잔디를 검사 항목에서 뺀다면 정확한 진단에 실패하고 적합한 치료를 할 수 없다. 마찬가지로 그 지역에서 의미없는 알레르기 유발물질은 검사할 필요가 없다. 따라서 검사 시에 반려인이 수의사에게 그 지역에서 접하기 쉬운 식물이나 어려운 식물 등에 대해 자세히 이야기해 준다면 검사에 사용할 항원을 선택하는 데 도움이 된다.

항원 혼합물의 이용

혼합 항원을 이용해 한 번에 여러 가지 항원을 동시에 섞어서 검사하는 방법으로 보다 신속하게 알레르기 여부를 확인할 수 있다. 그런데 이 방법의 문제점은 알레르기 반응을 일으키는 특정한 물질을 정확히 찾아낼 수 없다는 것이다. 피내 알레르기 반응검사의 목적은 알레르기 여부를 진단하는 것뿐만 아니라 치료법도 제시해 줘야 한다. 그런데 혼합 항원을 사용하면 각각의 알레르기에 대한 치료 방법은 제공하지 못한다. 이런 경우 치료에 꼭 필요한 것이 빠지거나 불필요한 것이 첨가될 수 있다.

예를 들어 각각의 풀이 아닌 여러 풀이 섞인 혼합물을 항원으로 사용했다고 가정해 보자. 혼합물에 우산잔디, 라이그라스, 큰조아재비(티머시그라스), 토끼풀이 섞여 있고 우산잔디에만 알레르기가 있는 개일 경우 우산잔디로만 검사를 실시한다면 개는 양성 반응을 나타내겠지만 혼합물로 검사를 하면 우산잔디는 전체의 25퍼센트만 섞여 있으므로 검사 결과가 음성으로 나올 가능성이 있다(위음성). 이럴 경우 알레르기 주범인 우산잔디는 원인 항원에서 빠져 정작 반려인은 효과도 없는 치료를 계속해야 할 수도 있다.

반대로 우산잔디와 라이그라스에는 알레르기가 있고, 큰조아재비와 토끼풀에는 알레르기가 없는 개의 경우 혼합물의 검사 결과는 양성으로 나올 가능성이 높다. 이런 경우 최종 항원에 우산잔디와 라이그라스가 포함되겠지만 불필요한 큰조아재비와 토끼풀에 대해서도 알레르기 치료가 이뤄질 것이다.

때문에 나는 혼합물보다는 각각의 항원으로 검사할 것을 강력히 추천한다. 이것이 시간이 더 소요되기는 하지만 훨씬 더 정확하다.

사전 약물 투여

앞서 코르티코스테로이드, 항히스타민제, 프로게스테론(황체호르몬) 화합물 등의 약물로 치료받은 경우 흔히 위음성 반응이 나오곤 한다. 오메가 3, 오메가 6 지방산 보조제도 위음성 결과를 야기할 수 있다. 일반적으로 검사에 앞서 위에 열거한 약물은 내복약의 경우 3~4주, 주사제의 경우 10~12주 정도 피해야 한다. 오메가 지방산도 최소한 10일 정도는 금하는 것이 좋다.

이러한 기술적인 어려움과 부정확한 결과의 가능성에도 불구하고 적절하게 실시된다면 피부검사는 아토피 피부염이 의심되는 동물을 검사할 수 있는 가장 좋은 방법이다.

실험실적 검사

수의사는 종종 반려인에게 아토피 피부염을 진단하기 위해 혈액 ELISA

검사 또는 RAST 검사라 부르는 검사를 제안한다. 혈중 IgE를 평가하는 혈액검사는 몇 가지 장점이 있다. ① 검사를 위해 진정 처치를 할 필요가 없다. ② 피내 알레르기 반응검사에 비해 신속하게 진행할 수 있다. ③ 동물이 복용하고 있는 약물에 의한 영향이 훨씬 적다(물론 장기간 약물을 투여한 경우 위음성이 나올 수도 있다). ④ 특별한 기술이 필요 없다. ⑤ 피부병이 심한 상태에서도 실시할 수 있다(피부반응검사는 피부병이 심한 경우 불가능하다).

이런 장점에도 불구하고 혈액검사는 피부검사에 비해 결과가 부정확할 수 있다는 단점이 있다. 많은 개들이 위양성 결과로 인해서 알레르기라고 잘못된 진단을 받기도 한다. 그래서 많은 피부 전문의는 피부검사를 선호하며 혈액검사는 보조적인 수단으로 활용한다.

혈액 ELISA 검사 결과로 찾아낸 항원요법에 반응이 없는 일부 개들이 피부검사로 찾아낸 항원요법에는 반응을 보이기도 한다. 그러므로 피부검사를 실시하기 어려운 경우에는 혈액검사로 대체하지만 위양성 가능성을 꼭 염두에 둬야 한다.

피부생검(조직검사)

아토피 피부염 진단을 위해 피부조직검사를 실시할 수도 있다. 수의사는 진정이나 마취 상태에서 최소한의 외과적 절차를 통해 피부조직검사를 실시한다. 나는 어떻게 치료를 시작할지 난해하고 이상한 피부 병변이나 수개월에서 수년에 걸친 치료에도 상태가 나아지지 않는 경우 피부조직검사를 추천한다.

수의사는 피부용 펀치나 수술칼을 이용해 피부 몇 군데에서 작은 피부 조각을 채취한다. 대부분의 경우 절제 부위가 작아 봉합이 필요 없고 피부용 접착제를 사용하거나 그냥 딱지가 앉도록 해도 문제가 없다. 병리학자는 작은 피부 조각을 현미경으로 검사하여 피부사상균, 미세진드기, 면역성 피부 질환, 내분비성 피부 질환, 피부암 등이 아닌지 검사한다.

대부분의 경우 조직검사를 통해 피부병의 원인을 알 수 있으므로 최선의 치료법을 선택할 수 있다. 하지만 감염체, 종양 물질을 찾을 수 없거나 갑상선기능저하증과 같이 피부 외적인 문제인 경우 병리학자가 명확한 원인을 찾아내지 못해서 10퍼센트 정도는 단지 '만성 증식성 피부 질환'이라고만 나온다. 때때로 병리학자가 내분비장애가 피부 질환의 원인인지 여부를 알려 주기도 한다. 그러면 수의사는 다른 내분비장애를 포함한 갑상선 질환 등의 검사를 실시할 수 있다.

생후 3개월 버디의 알레르기 피부염

피부조직검사는 아토피 피부염 진단에도 아주 유용할 수 있는데 버디의 경우가 딱 그랬다.

버디는 생후 3개월의 잡종 수컷 강아지이다. 반려인은 지역 유기동물보호소에서 생후 2개월 된 버디를 입양했다. 버디는 몸을 가려워했는데 나는 신체검사를 통해서 가려움증의 원인을 명확히 찾아낼 수 없었다. 벼룩, 이, 진드기 등의 외부기생충도 발견되지 않았으며 어린 강아지에게 흔한 링웜이나 미세진드기에 의한 피부 병변도 보이지 않았다. 나는 단기간의 코르티코스테로이드, 국소용 저알레르기성 샴푸 및 린스를 처방했다.

2주 뒤 다시 내원했을 때 버디는 가려움이 더 심해졌다. 피부 병변은 여전히 관찰되지 않았고 가려움이 심해진 원인을 찾을 수 없었다. 나는 코르티코스테로이드, 항히스타민제의 용량을 살짝 높게 처방하고 저알레르기성 샴푸 처방도 유지했다.

다시 2주 뒤 버디는 여전히 가려움을 호소했다. 알레르기일 경우 증상을 완화시키는 코르티코스테로이드와 항히스타민제의 용량을 늘렸음에도 불구하고 증상이 더 심해졌다. 이번에는 배와 사타구니 부위에 작은 발진이 관찰되었는데 이런 발진은 보통 세균 감염, 벼룩과민증, 개선충 감염에서 잘 관찰된다. 버디는 코르티코스테로이드와 항히스타민제의 용량을 높여도 호전되지 않고 병변의 모습도 개선충 초기와 비슷한 점이 많아 나는 여러 차례 피부 스크래핑 검사가 음성이라고 나왔음에도 개선충을 감별하려 애썼다. 하지만 버디의 보호자와 나는 인내심의 한계에 다다르고 있었고 보다 신속하게 버디의 괴로움을 덜어 줘야 했다. 나는 피부조직검사를 제안했다.

피부조직검사 결과 피부 표층부의 세균 감염(뾰루지의 원인)과 피부 심층부의 알레르기성 피부염 소견이 보였다. 알레르기는 버디와 같은 어린 강아지에서는 매우 드물고, 게다가 버디는 일반적인 알레르기 관리 약물인 코르티코스테로이드와 항히스타민제 처방에도 상태가 좋아지지 않았기 때문에 알레르기성 피부염을 생각하지 못했던 것이다. 그러나 버디의 경우 피부조직검사를 통해서 극심한 가려움의 원인인 알레르기를 꼭 집어낼 수 있었다.

나는 보완적 요법을 실시하기 전에 굉장히 어려웠던 버디 사례의 완벽한 진단을 위해 수의피부병학자에게 자문을 구했다. 그런 뒤 음식을 저알레르기 식단으로 교체하면서 효과적으로 치료할 수 있었다.

피부 스크래핑 검사

동물의 피부 질환을 평가하는 두 가지 기본 검사 중 하나인 피부 스크래핑 검사는 현미경으로 미세진드기를 확인하기 위해 실시된다(32쪽 참조). 대부분의 피부병학자들은 모든 피부 질환에 대해 피부 스크래핑 검사를 추천한다. 피부 질환 초기에는 스크래핑 검사로 진드기가 확인되지 않을 수 있으므로 만성으로 발전한 뒤에 다시 검사해야 한다.

수의사는 피부에 미네랄 오일을 한 방울 떨어뜨린 뒤 진드기를 밖으로 내몰기 위해 일정 부위의 피부를 쥐어 짠다. 그리고 살균한 수술용 칼날로 피부를 긁는다. 앞 장에서 말했듯 수술용 칼날은 잘못하면 동물의 피부를 벨 수 있으므로 나는 주로 현미경용 슬라이드글라스를 사용한다. 수의사는 채취한 검체를 슬라이드글라스에 도말한 후 현미경으로 진드기의 존재 유무를 검사한다.

개선충의 경우 확인이 어려운 경우도 있으므로(실제 50퍼센트 정도만 확인이 가능하다) 여러 부위에서 여러 번 실시하는 것이 좋다. 개선충은 정확하게 진단을 내리기 힘든 경우가 많으므로 의심이 되면 치료를 시도한 다음 반응을 보면서 진단을 '소급'해 나가는 방법을 추천한다.

곰팡이 배양검사

곰팡이 배양검사는 동물의 피부 질환 진단에 두 번째로 많이 이용하는 검사법으로 링웜(피부사상균)을 확진하기 위해 실시한다(49쪽 참조).

수의사는 알코올을 묻힌 면봉으로 감염 부위를 가볍게 닦아서 오염물을 제거한 뒤 핀셋을 이용해 감염 부위의 털과 딱지를 떼어내어 특수 배양판에 놓는다. 특수 배양판에는 세균의 성장을 억제하고, 곰팡이의 성장을 촉진하는 화학물질이 놓여 있다. 배양판을 서늘하고 어두운 곳에 두고 매일 관찰한다. 만일 피부사상균에 감염되었다면 3~7일 내에 증식하는데, 하얀 솜털 같은 곰팡이 콜로니를 형성하고 배양판의 색깔을 붉게 변화시킬 것이다. 그러면 솜털 모양의 콜로니를 현미경으로 검사해 피부사상균 감염 여부를 정확히 검사한다.

우드 램프 검사

우드 램프wood's lamp 검사는 링웜 감염을 진단하는 또 다른 방법으로 감염 부위 피부의 털과 각질에 자외선을 비춰 활용하는 검사법이다. 만약 링웜에 감염되었다면 어둠 속에서 형광빛이 관찰될 것이다. 그러나 드물게 정상적인 털이나 각질도 형광빛을 낼 수 있어 정밀한 검사 방법이라고는 할 수 없다. 또한 전체 피부사상균감염증의 50퍼센트 정도를 차지하는 미크로스포룸 카니스만 진단할 수 있다. 위양성이나 위음성인 결과가 나올 수 있어서 수의사들은 대부분 확진을 위한 방법으로는 사용하지 않고 보조적으로만 이용한다.

피부의 세포학적 검사

피부의 세포학적 검사는 자주 이용되지는 않지만 매우 가치 있는 진단법이다. 나는 만성적인 가려움과 피부의 냄새를 유발하는 2차성 효모균 감염이 의심될 때 많이 이용한다. 이 검사는 제대로 진단하지 못했던 효모균 감염을 찾아주기도 하고, 골치 아픈 난치성 증례를 치료 가능하게 만들어 주기도 한다.

세포학적 검사는 말 그대로 현미경으로 피부에서 채취한 표본을 검사하는 것이다. 수의사는 감염 부위를 면봉으로 문지른 뒤 깨끗한 슬라이드글라스에 도말하고 염색과 고정 작업을 거친 뒤 현미경으로 효모균이나 세균의 존재 여부를 검사한다.

피부배양검사

피부배양검사는 만성 세균성 피부염의 치료를 위한 효과적인 항생제 선택에 매우 유용하다. 피부 표면의 시료를 간단히 배양하는 경우는 정상 세균이 함께 배양되어 진단에 혼란을 줄 수 있으므로 만족스런 결과를 얻기 힘들다. 때문에 신뢰할 만한 결과를 얻으려면 피부조직검사를 통해 떼어낸 피부 조직을 배양하는 것이 좋다. 배양 결과를 통해 진피와 모공 깊숙이 살고 있는 세균의 정체를 확인할 수 있다. 이 피부 조직은 일부 만성 세균성 피부염 치료에서 사용되는 자가autogenous 세균 백신을 제조하는 데 이용되기도 한다.

식이요법

진성 음식 알레르기를 진단하고 치료하려면 알레르기 유발물질을 배제한 저알레르기 배제 식이요법을 실시해야 한다(54쪽 참조). 이 방법을 통해서 반려인은 어떤 성분이 개에게 알레르기를 일으키는지 알아낼 수 있을 것이다. 일단 알레르기의 원인을 확인한 다음 그 성분을 식단에서 제외하면 된다.

만약 반려견이 부산물이나 화학첨가제 등이 들어간 사료를 먹고 있다면 천연 성분의 사료로 교체하거나 가능하다면 신선한 재료로 직접 만든 가정식으로 바꿔 주는 것이 좋다.

물론 반려인이 찾아낸 음식 알레르기뿐 아니라 아토피 피부염까지 앓고 있을 수도 있다. 만약 배제 식이요법을 실시하여 상태가 많이 호전되었는데도 가려움증이 계속 관찰된다면 더욱 정밀한 검사가 필요하다. 알레르기를 정확히 진단하는 일은 매우 어렵고 때때로 수개월에서 수년이 걸리기도 하므로 반려인이 수의사와 협력하여 가려움증의 원인을 찾아내야 한다.

시험적 약물요법

<u>때때로 가려움증의 원인이 알레르기라는 사실을 확인하기까지 상당한 노력과 검사 과정이 필요하다.</u> 동물 환자에게 가려움증이 나타나면 수의사는 특정 약물에 반응하는지 알아보기 위해서 약물을 처방하기도 한다. 시험적인 용량의 코르티코스테로이드에 대한 반응 여부가 가려움증의 원인을 찾는 데 도움이 되기도 한다.

나는 진단을 목적으로 약물을 처방하는 것을 좋아하지 않지만 동물의 상태에 대해 많은 정보를 제공해 주기도 하므로 가끔은 필요하다고 생각한다.

영상진단 : 방사선검사(엑스레이)

피부 질환의 진단 방법으로 방사선검사는 좀처럼 활용되지 않고 유용하지도 않다. 그러나 개가 일정 부위를 계속 핥고 긁거나 깨물고 무는 경우에는 유용하다. 예를 들어 한쪽 다리를 계속 핥는다면 골절이나 골종양 같은 통증이 원인일 수 있다. 방사선검사는 알레르기보다는 정형외과적 이상을 진단하는 데 유효하다.

임상 초기, 자기 엉덩이를 끊임없이 깨무는 미니어처슈나우저를 진료한 적이 있다. 알레르기가 의심되어 코르티코스테로이드 치료를 실시했으나 별다른 호전이 없었다. 나는 고관절이형성, 말총증후군cauda equine syndrome, 척수의 이상 여부를 확인하기 위해 방사선검사를 실시했는데 결과는 모두 음성이었다. 나는 심인성 피부염으로 최종 진단하고 그에 대한 약물을 처방하자 증상이 호전되었다(물론 지금은 그런 증상을 보이면 치료 방법으로 침술이나 허브요법 등의 보완적 치료법을 병행하고 있다). 요컨대 방사선검사는 흔히 사용되지는 않지만 피부병이 아닌 다른 원인을 찾는 데에 효과적일 수 있다.

현대의 방사선 기계는 매우 안전하며 극소량의 방사선만으로도 최상의 화질을 얻을 수 있다. 일반적으로 병변 부위를 두 장(복배상과 외측상) 촬영한다.

잘 훈련된 개도 촬영대 위에서 낯선 자세를 취하고 얌전히 누워 있는 경우가 드물기 때문에 진정 처치가 필요할 수도 있다. 약물을 사용해 진정시키는 것은 약물이 정확히 투여되고 환자의 상태를 잘 관찰한다면 안전하다. 우리 병원에서는 방사선검사 후 진정 상태를 깨우는 약물을 사용하는데 보통 십여 분 내외로 정신을 차린다.

혈액검사

만성 피부 질환을 앓고 있는 모든 동물은 갑상선검사를 포함한 혈액검사가 필요하다.

혈액검사는 갑상선 질환 같은 피부병의 원인을 찾아내는 데 유용하다. 갑상선기능저하증은 만성 피부염의 주요 원인 중 하나이다. 만약 혈액검사 결과 갑상선 질환의 가능성이 있다고 나오면 보다 정밀한 검사를 해야 한다. 나는 검사 결과가 정상인 경우에도 약물에 대한 반응을 확인하기 위해 4~5주 동안 시험적인 용량의 갑상선 약물을 투여하기도 한다. 갑상선 약물은 정확히 처방되는 경우에는 안전하다.

혈액 내 갑상선호르몬 수치가 정상임에도 불구하고 실제 갑상선에 문제가 있을 수도 있다. 세포 수준의 결손이나 이상이 있을 때 그렇다.

피부병이 있는 개가 루푸스lupus 같은 면역계 이상이 의심된다면 특수한 면역계 혈액검사가 필요할 수 있다. 면역계 질환으로 알레르기와 유사한 피부 증상을 보이는 경우는 드물지만 만약 조금이라도 의심이 된다면 검사가 필요하다.

가끔 혈액검사 결과 부신이 과다한 스테로이드호르몬을 생산해 내는 내분비 질환인 쿠싱증후군이 의심되기도 한다. 쿠싱증후군에 걸린 개는 다음다식(많이 먹고 많이 마심), 소변양 증가, 체중 증가 등의 증상을 나타낸다. 이런 증상은 당뇨병에 걸린 개나 장기간 스테로이드 치료를 받은 개에게 나타나는 증상과도 유사하다. 고농도의 호르몬 분비로 인해 감염에 대한 저항력이 약해지는데 특히 피부와 방광이 더 약해진다.

신체검사, 병력 청취, 혈액검사, 소변검사를 바탕으로 봤을 때 쿠싱증후군이 의심된다면 더 정밀한 검사를 실시해야 한다. 정밀한 검사로는 소변 코르티솔cortisol 검사, ACTH 자극검사, 고용량·저용량 덱사메타손dexamethasone 억제검사 등이 있다. 쿠싱증후군은 진단이 어렵고 상당수의 증례가 확진을 내리기 모호한 소견을 보이고는 한다. 최근에 수의사들은 대부분 검사 결과에 상관없이 쿠싱증후군의 임상 증상을 보이는 경우에는 치료를 권한다. 쿠싱증후군에 걸렸는데 진단되지 않을 경우 만성 재발성 피부병으로 고생하거나 알레르기로 오진될 수 있으므로 만성 피부 감염의 경우 적절한 치료를 위해 정확한 진단이 필수이다.

최근 인기를 끌고 있는 분자교정치료orthomolecular theraphy라는 치료법은 고용량의 항산화 비타민과 미네랄을 이용해 알레르기가 있는 동물을 치료하는 방법이다. 이런 항산화 물질은 갑상선과 부신의 검사 결과에 영향을 줄 수 있으므로 항산화요법을 실시할 경우에는 혈액검사를 미리 실시해야 한다.

혈액검사는 동물의 전반적인 건강 상태에 관한 정보를 제공하고, 수의사가 약물의 처방 내용을 변경할 필요가 있는지의 여부를 판단하는 데도 도움이 된다. 예를 들어 혈액검사 소견상 당뇨라면 당뇨 자체가 피부의 이상이나 가려움증을 야기하지 않더라도 당뇨에 의한 심각한 임상 증상이 나타나기 전에 검사를 통해 미리 발견하고 치료함으로써 동물이 위험에 빠지는 것을 막을 수 있다.

아토피 피부염에 걸린 개에게 처방되는 스테로이드계 약물은 위장관 궤양, 신장 질환, 감염에의 취약성, 골다공증, 간질환 등을 야기할 수 있으므로 약물 처방에 앞서 동물의 건강 상태를 확인하는 것이 매우 중요하다. 수의사는 일상적 용량보다 더 적은 양을 처방하거나 항히스타민제 같은 다른 약제로 대체할 수 있다. 스테로이드는 위에 언급한 문제를 유발할 수 있으므로 장기간 투여할 경우(그런 경우가 없기를 바라지만) 약물치료에 따른 치명적인 합병증이 생기는 것을 방지하기 위해 2~3개월마다 혈액검사와 소변검사를 실시할 것을 권한다.

일단 개가 가려워하는 원인을 찾아냈다면 그것이 아토피 피부염이든 다른 질병이든 수의사와 반려인은 적절한 치료를 위한 방법을 계획할 수 있을 것이다. 종종 전통 수의학과 보완적 치료법을 병행한 치료가 필요한데 만성적 증례에서 더욱 그렇다. 4장에서는 아토피 피부염 치료를 위한 전통 수의학에 대해 다루고, 5장에서는 보완적 치료법에 대해 다룰 것이다.

3장 복습하기

- 홀리스틱적 관리를 받고 싶다면 우선 자문을 구할 수 있는 홀리스틱 수의사를 찾아야 한다.
- 반려인과 홀리스틱 수의사는 동물을 위한 최고의 치료를 위해 함께 노력해야 한다.
- 진료를 받기 전에 반려견을 꼼꼼히 관찰하여 모든 특이 사항과 임상 증상을 수의사에게 제대로 설명할 수 있도록 해야 한다.
- 검사에 방해될 수도 있으므로 진료 전 목욕은 시키지 않는 것이 좋다.
- 병원 방문 시 이전에 받은 진단이나 치료와 관련된 서류를 꼭 챙긴다.
- 병원에서 수의사는 반려견을 꼼꼼하게 진찰할 것이다.
- 수의사는 정확한 진단을 위해 일련의 다양한 임상병리학적 검사를 실시하기도 한다.

CHAPTER

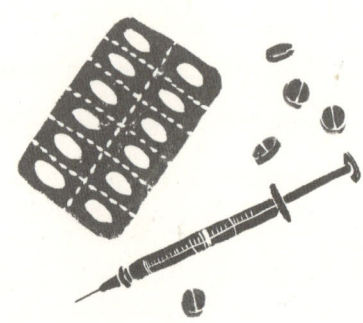

4

아토피 피부염의
일반적 치료법

아토피(알레르기성) 피부염에 효과적인 치료법이 있을까? 이 장에서 다룰 전통 수의학과 5장에서 다룰 자연 치료법을 이용한 보완적 치료법에 대해 설명하기에 앞서 다음 사항을 염두에 두길 바란다. '완벽한' 알레르기 치료를 위해서는 다음의 기준을 반드시 만족해야 한다.

1. 비용 대비 효과적인 치료법이어야 한다.
2. 보호자가 실천하기 쉬운 치료법이어야 한다.
3. 동물에게 안전한 치료법이어야 한다.
4. 부작용을 최소화할 수 있는 치료법이어야 한다.

5. 단순히 가려움과 같은 임상 증상을 완화시키는 것이 아니라 근본적인 원인을 해결하는 데 도움이 되는 치료법이어야 한다.

어떤 치료법을 선택하든 동물을 위해서 위의 조건을 최대한 만족시키는 치료법을 선택해야 한다. 곧 알게 되겠지만 보완적 치료법은 이러한 조건을 상당수 만족시킨다. 반면 기존의 일반적 치료법은 위의 조건을 만족시키지 못하는 경우가 많아 알레르기가 있는 동물의 장기적인 치료에 적합하지 않은 경우가 많다.

'완벽한 치료를 위한 기준' 다음으로 기억해야 할 것은 어떤 치료법도 정확한 진단 없이 행해서는 안 된다는 사실이다. 다음의 예는 정확한 진단에 실패하고 잘못된 치료를 한 전형적인 실패 사례이다.

잘못된 치료로 고생한 파샤

5살인 골든리트리버 암컷 파샤의 반려인이 나를 찾아왔다. 파샤는 이전 병원에서 가려움 완화를 위해 매달 스테로이드제제 중 하나인 메틸프레드니솔론methylprednisolone 주사를 맞았다. 메틸프레드니솔론은 아토피 피부염에 의한 가려움증을 치료하는 데 사용하는 약물이다. 반려인에 따르면 이전 병원에서는 아토피 피부염 진단을 내리기 위한 검사를 하나도 실시하지 않았다고 했다(파샤의 몸에서 탈모 증세와 작은 종기가 관찰되었는데도). 알레르기성 피부염은 대부분 매우 가렵기만 할 뿐 2차 감염이 일어나기 전까지는 피부가 외견상 정상처럼 보인다.

나는 진찰을 통해 탈모 부위가 넓어지고 있으며 종기의 수도 늘어나고 있음을 발견했다. 파샤의 피부 병변은 알레르기보다도 더 심각한 문제가 있는 듯했다. 벼룩에 물린 증상도 없는 것으로 봐서, 경험에 비춰 볼 때 피부 안쪽에서 발생한 문제인 것 같았다.

진드기 감염 여부를 확인하기 위해 피부 스크래핑 검사를 실시했다. 수의사라면 누구든 이 검사를 할 수 있는데 이 검사는 피부병을 앓는 모든 동물이 꼭 할 필요는 없지만 파샤와 같은 증상을 보이는 경우에는 반드시 실시해야 한다.

피부 스크래핑 검사상 모낭충 감염이 확인되었다. 모낭충은 주로 강아지들에게 많이 나타나는데 성견에서 나타날 경우에는 면역계를 손상시키는 다른 질병에 의한 경우가 많다. 따라서 나는 파샤의 소변과 혈액을 검사했는데 모두 정상이었다.

나는 가려움증을 치료하는 약물을 투여하는 것 때문에 파샤가 모낭충에 감염되었을 것이라고 추정했다. 스테로이드는 모낭충 감염에 거의 사용하지 않는다. 스테로이드는 면역력을 저하시키고, 그 결과 모낭충의 증식을 억제시키지 못해 끔찍한 결과를 낳기 때문이다(그러나 개선충의 경우 면역계에 영향을 미치지 않으므로 스테로이드를 안전하게 사용할 수 있다).

나는 파샤에게 스테로이드 투여를 중단하고 일반적인 약욕과 동종요법, 영양요법을 실시했다. 그로부터 6주 후 파샤는 정상적인 상태로 돌아갔다.

파샤의 경우 약물 투여를 했는데, 피부 병변이나 가려움증에 별다른 변화가 없었다면 수의사는 신속하게 정확한 진단을 내리고 그에 따른 적절한 조치를 취했어야 한다. 나는 잘못된 코르티코스테로이드 처방으로 인해 발생한 모낭충 환자를 자주 접한다. 처음 진료한 수의사가 간단한 검사를 무시하고 정확한 진단과 치료 절차를 따르지 않으면 동물들은 불필요하게 고통 받고 반려인 역시 시간과 돈을 낭비하게 된다. <u>알레르기 동물의 홀리스틱적 치료에서 가장 중요한 것은 가능한 한 신속하게 정확한 진단을 내리고 적합한 치료를 안전하게 실시하는 것이다.</u>

일반적 치료법

알레르기에 가장 흔히 처방되는 약물은 코르티코스테로이드이고, 항히스타민제가 그뒤를 잇는다. 이런 약물은 알레르기가 있는 개들의 가려움증을 해소하는 데 당장 효과적일 수는 있지만 근본적인 문제를 바로잡거나 치료하지는 못한다. 이런 약물은 보다 안전한 대안을 찾아보지 않은 채 장기간에 걸쳐 처방되는 경우가 너무 많다. 그 결과 많은 동물이 부작용으로 신음하고 가려움으로부터 해방되지도 못한다.

    5장에서는 나처럼 홀리스틱 의학을 지향하는 수의사들이 알레르기로 인한 염증이나 가려움증 치료에 사용하는 다양한 보완적 치료법에 대해 알아볼 것이다. 여기서는 일반적 치료법에 대해 살펴보고, 부작용은 어떤 것들이 있는지 알아보고(왜 동물 치료를 위해서 보다 안전한 치료법을 찾아야 하는지 이해하는 데 도움이 될 것이다), 가려움증을 완화시키기 위해 사용하는 일반적 치료법을 더욱 안전하고 효과적으로 사용하는 방법에 대해 이야기한다.

    아토피 피부염은 피부에 염증을 일으키는 불편한 질환이라는 것을 기억하자. 때문에 <u>반려인이 어떤 치료법을 선택하든 개에서 가려움증을 유발하는 염증과 그로 인한 불편함을 최소화시키는 것이</u>

어야 한다. 그런데 홀리스틱 관점에서는 개의 전반적인 건강 상태 역시 반드시 고려해야 한다.

> ### ❖ 염증성 물질과 치료 약물의 작용법
>
> 세포막은 주로 인지질이라고 하는 물질로 이뤄져 있다. 알레르기가 있는 동물의 세포막이 손상되면 효소가 인지질에 작용하여 아라키돈산(arachidonic acid, 오메가 6 지방산)과 에이코사펜타에노산(EPA, eicosapentaenoic acid, 오메가 3 지방산)이 생산된다. 이 두 종류의 지방산에 다른 효소가 더해져 대사가 일어나면 에이코사노이드(eicosanoids)라는 화학물질이 생산된다.
>
> 아라키돈산(오메가 6 지방산) 대사에 의해 생산되는 에이코사노이드는 염증전구물질로 면역계를 억압하고 혈소판을 응집시켜 응고 작용이 일어나게 한다. 반면 에이코사펜타에노산(오메가 3 지방산) 대사에 의해 생산되는 에이코사노이드는 비염증성 물질로 면역 억제를 유발하지 않으며 혈소판의 응고 작용을 막는 데 도움이 된다.
>
> 알레르기 치료에 쓰이는 다양한 약물은 염증성 물질의 생산을 줄이기 위해 각각 다른 단계에서 작용한다. 예를 들어 코르티코스테로이드는 생화학적 경로 두 곳에 작용한다. 첫 번째는 막 인지질(membrance phospholipid)을 아라키돈산과 에이코사펜타에노산으로 대사하는 데 관여하는 효소를 억제하는 것이고, 두 번째는 아라키돈산을 염증전구물질로 분해하는 데 관여하는 효소를 억제하는 것이다.

일반적인 치료에 사용하는 약물 중 일부는 알레르기 치료 목적으로 장기간 투여할 경우 동물에 유해할 수 있다. 예를 들어 상당수 수의사들은 아토피 피부염 치료를 목적으로 코르티코스테로이드를 장기간에 걸쳐 처방한다. 그러나 코르티코스테로이드는 가려움증과 염증은 완화시키지만 면역계가 알레르기와 싸우는 데는 어떤 도움도 주지 않는다. 게다가 장기 투여 시 발생하는 부작용을 생각한다면 잠재적인 위험성이 크므로 꼭 필요한 경우를 제외하곤 추천하고 싶지 않다. 반려견이 잠시 동안은 좀 나아진 모습을 보이겠지만 이런 치료는 실질적으로는 건강 상태를 더 악화시킬 수 있다.

염증에 대한 이해

염증이란 신체의 조직이나 세포가 손상되어 발생한다. 염증이 발생하면 발적(피부나 점막에 염증이 생겼을 때 빨갛게 부어오르는 현상), 통증, 압통(누르면 아픔), 종창(부어오름), 기능상실 등의 증상이 나타난다. 염증의 생화학적 메커니즘에 대해서는 앞서 설명된 94쪽의 '염증성 물질과 치료 약물의 작용법'을 참고하기 바란다.

코르티코스테로이드

아토피 피부염 치료에 가장 흔히 사용되는 두 가지 약물에 대해 살펴보자. 코르티코스테로이드제제(부신피질호르몬제제), 줄여서 스테로이드제제는 알레르기를 생각할 때 가장 먼저 떠오르는 약물이다. 스테로이드가 알레르기 치료에 사용되는 이유는 이 약물이 가려움증과 염증에 매우 빠르고 효과적으로 작용하기 때문이다. 스테로이드를 투여하면 대부분 24시간 이내에 가려움증, 피부발적, 염증 등의 증상이 완화된다.

<u>스테로이드는 동물은 물론 사람에게도 빈번히 사용되고 남용되기도 하는 약물 중 하나이지만 홀리스틱적 접근법을 통해 안전하고 효과적으로 사용할 수도 있다.</u> 정확한 진단과 치료에 대한 고

민 없이 단순히 증상 완화를 목적으로 마법과 같은 '스테로이드 주사'를 놓는 일은 매우 간단한 일이다. 그러나 그로 인해 동물은 종종 수개월에서 수년간 그릇된 치료를 받게 된다. 그리고 반려인은 뒤늦게 "이제 더는 안 되겠어. 다른 방법을 찾아봐야겠어."라며 탄식한다.

❖ 스테로이드의 역할

코르티코스테로이드란 무엇일까? 왜 많은 의학 영역에서 이 기적의 약물을 사용하고 싶어 하는가? 코르티코스테로이드, 좀 더 정확한 명칭인 당질코르티코이드는 뇌하수체에 의해 조절되는 장기인 부신에서 분비되는 호르몬이다. 몸이 현재 생산량 이상의 당질코르티코이드를 필요로 할 때 뇌하수체는 부신에서 당질코르티코이드를 생산하도록 자극하는 ACTH(부신피질자극호르몬)를 분비한다. 당질코르티코이드의 양이 증가하면 뇌하수체는 부신에 보내는 신호를(ACTH) 멈추고, 당질코르티코이드의 양이 감소하면 뇌하수체는 더 많은 ACTH를 분비하게 된다. 이런 과정을 통해 신체의 요구 수준을 체크하여 체내의 당질코르티코이드의 생산을 적정하게 유지한다.

개에게 치료 목적으로 코르티코스테로이드를 투여하면 뇌하수체가 이를 감지하고 ACTH의 생산을 중지하여 부신은 스테로이드를 더 이상 생산하지 않게 된다. 이는 신체의 생명 활동에 중요한 호르몬의 정상적인 생산량을 감소시킨다. 그러나 7~10일 정도의 단기간 동안 저용량으로 투여하는 경우에는 큰 문제가 되지 않는다.

문제가 되는 것은 알레르기에 걸린 개에게 자주 처방되는 월 1회 주사 형태 등과 같이 장기적·지속적으로 약물을 투여하는 것이다. 장기간 투여를 받다가 갑자기 투여를 멈추면 개의 몸이 스테로이드 생산량을 급격히 끌어올리는 데 한계가 있어 심각한 금단 증상이 나타난다. 이는 스테로이드 치료를 받는 개에게서 나타날 수 있는 심각한 부작용 중 하나이다.

어떤 홀리스틱 수의사들은 스테로이드는 무조건 위험하고 금기시해야 하는 약물이라고 생각한다. 그러나 사실은 그렇지 않다. 정확한 진단에 따른 스테로이드 처방은 실제로 매우 훌륭한, 때로는 위급한 생명을 살릴 수 있는 가치가 있다. 다만 스테로이드는 정확한 진단에 의해 사용되어야 하며, 정말 필요한 경우에 한해 올바른 용량으로 적당한 기간 동안 사용되어야 한다. 그런데 문제는 이것이 잘 지켜지지 않는다는 점이다.

더 이상 증상을 완화시켜 줄 방법이 없어 안락사 외에는 별다른 대안이 없는 극소수의 경우를 제외하더라도 무분별한 스테로이드 처방은 많은 장단기적 부작용을 일으켜서 만성 알레르기 동물의 관리를 더 어렵게 만든다. 그러나 염증과 가려움증을 신속히 완화시키기 위한 목적으로 투여되는 단기간의 스테로이드는 알레르기에 걸린 개를 위한 홀리스틱 치료의 한 부분으로 이용된다.

코르티코스테로이드의 작용

앞서 이야기했듯이 코르티코스테로이드는 다양하고 훌륭한 효과가 있다. 우선 소염 및 진통 효과가 있고 가려움증을 완화시키는 데도 효과적이다. 염증 반응과 가려움증에 의해 야기되는 부종이나 통증도 감소시킨다. 또한 스테로이드는 척수의 염증과 뇌손상을 완화시키므로 심각한 쇼크 상태나 신경학적 이상을 나타내는 동물의 초기 치료에 매우 유용한 약물이다.

놀라운 효과에도 불구하고 부정적인 측면도 있다. 장기간 사용하거나 고용량으로 투여하면 상처 치유를 지연시키고 외부 병원체에 의한 감염 확률을 높인다. 때문에 스테로이드 치료를 장기간에 걸쳐 받는 동물은 감염이 발생하지 않는지 주의 깊게 관찰해야 한다. 관절염이 있는 경우 연골의 구성 성분인 콜라겐과 프로테오글리칸 합성을 감소시켜 관절 상태를 더욱 악화시킬 위험이 있으므로 관절염이 있는 동물에게는 장기간 사용을 권하지 않는다.

또한 고용량으로 투여할 경우 체내 면역 능력을 저하시키는 면역억제제로 작용한다. 때문에 앞서 언급한 자가면역 이상과 같은 면역계 질환에는 매우 유용하게 사용되기도 한다. 그러나 면역 억제 작용이 일어나는 경우 알레르기에 걸린 개에게서 흔히 관찰되는 피부 감염을 포함해서 감염에의 저항력을 떨어뜨린다.

코르티코스테로이드의 부작용

알레르기가 있는 반려견에게 스테로이드 사용 여부를 고민하기에 앞서 장단기적 부작용에 대해 미리 알아두는 것이 좋다. 코르티코스테로이드는 식욕 및 수분 섭취를 증가시키며, 그 결과 소변양도 증가시킨다. 이런 부작용은 스테로이드 치료를 받는 개에게 흔히 나타나는 부작용이다. 간혹 저용량으로 단기간 투약한 경우에도 이런 증상이 나타나기도 한다. 스테로이드의 용량을 높이고 사용 기간을 연장할수록 이런 부작용은 더욱 심해진다. 물론 이런 증상 자체가 크게 위험한 것은 아니다. 때문에 알레르기에 걸린 개에게 스테로이드를 투약하는 경우 가능한 한 낮은 용량으로 단기간에 한해 처방하는 것이 좋다.

하지만 스테로이드를 장기간 사용하여 생기는 부작용은 이야기가 전혀 다르다. 장기간에 걸친 스테로이드 치료는 신체의 거의 모든 장기에 영향을 미쳐 동물의 삶의 질을 심각하게 악화시킨다. 또한 스테로이드 투여는 임상병리검사 결과에도 영향을 미친다. 간효소 수치, 백혈구 수치, 갑상선호르몬 수치 등에 변화를 줘서 다른 질병으로 오진하게 만들기도 한다.

스테로이드는 페노바르비탈phenobarbital, 라식스lasix(푸로세마이드), 디곡신digoxin, NSAIDS(비스테로이드계 항염증제) 등의 약물과 상호작용을 일으켜 부작용을 일으킬 수 있다.

단기간이든 장기간이든 코르티코스테로이드는 혈중의 부신과 갑상선호르몬 수치를 변화시킨다. 때문에 만성적인 스테로이드 투여에 따른 부작용 여부를 진단하려면 약물 투여 중단 4~8주 후에 혈액검사를 실시할 것을 추천한다. 장기 지속형 스테로이드의 경우 주사 후 6~8주 동안 약효가 지속되므로 스테로이드의 작용이 사라지는 투약 8주 후에 검사해야 한다.

스테로이드 장기 투여는 다양하고 심각한 부작용을 유발하므로 나는 반드시 필요한 양 이상을 사용하지 않기를 조언한다. 장기간 스테로이드 투여를 받은 동물은 반드시 부작용 여부를 모니터링해야 한다. 2~3개월 간격으로 신체검사, 혈액검사, 요검사 등을 포함해서 부작용을 모니터링한다.

개에게 코르티코스테로이드를 장기간 사용했을 경우 나타나는 부작용으로 인해 일반적으로 장기간의 스테로이드 치료를 받은 개는 그렇지 않는 개보다 수명이 짧은 경우가 많다. 다른 방법은 시도해 보지도 않은 채 평생 스테로이드를 처방받는 개들을 볼 때 안타까운 이유가 바로 여기에 있다. 물론 아주 드물게 일반적 치료법과 보완적 치료법 모두 호전이 없어 평생 코르티코스테로이드를 투여해야 하는 경우도 있다. 하지만 수의사가 주의 깊게 진단하고 치료 계획을 세운다면 이런 경우라 해도 처방 용량을 적절하게 조절할 수 있고 모니터링을 통해 삶의 질을 향상시킬 수 있다.

> **❖ 코르티코스테로이드 장기 사용으로 인한 부작용**
>
> 다음은 반려견에게 코르티코스테로이드를 장기 사용할 경우에 발생할 수 있는 잠재적인 부작용이다.
>
> ▶ 고혈압, 나트륨, 수분 정체(수분이 몸 밖으로 배출되지 못하고 축적되는 현상)를 유발하는 심장과 심혈관계의 장애
> ▶ 신장 및 간 질환
> ▶ 여드름, 감염, 과도한 멍, 피부의 변성이나 얇아짐, 탈모
> ▶ 불임, 성장장애, 부신 질환, 출산장애, 자연유산 등을 초래하는 내분비 및 생식기 관련 이상
> ▶ 소화관 출혈, 궤양, 췌장염, 천공 등을 포함한 위장관장애
> ▶ 감염에 대한 저항력을 감소시키는 면역계 억압, 빈혈, 혈소판수 감소
> ▶ 고지혈증, 지방간 질환, 비만 등을 초래하는 대사불균형
> ▶ 골다공증, 근육위축, 연골 파괴 등의 근골격계의 약화
> ▶ 공격성, 침울, 과활동, 기면증 등의 행동장애
> ▶ 녹내장과 백내장을 초래하는 안 질환
> ▶ 혈전색전증이나 폐혈전 등의 호흡기장애
> ▶ 발작, 마비, 불안 등과 같은 신경계 질환

❖ 흔히 사용되는 코르티코스테로이드의 작용 시간

약물이 체내에서 얼마나 오랫동안 효과를 발휘하는가를 의미하는 '작용 시간'은 약물의 특정한 형태 등 여러 가지 요소에 의해 결정된다. 예를 들어 코르티코스테로이드제제의 아세트산염(acetate), 아세토나이드(acetonide) 형태는 저장성(repositol)이라고 하여 약효가 장기간 지속된다. 보통 수주 동안 작용하며 수개월 동안 몸속에 남아 있다. 이런 약물을 반복적으로 사용하여 과용할 경우 매우 유해할 수 있다.

▶ 단기 지속형 : 8~12시간
　하이드로코르티손(hydrocortisone)

▶ 중간 지속형 : 12~36시간
　프레드니손(prednisone)
　프레드니솔론(prednisolone)
　메틸프레드니솔론(methylprednisone)
　트리암시놀론(triamcinolone)

▶ 장기 지속형 : 36시간 이상
　베타메타손(betamethasone)
　덱사메타손(dexamethasone)

<u>안타깝게도 수의사와 반려인들은 가려워하는 동물을 위한 방법으로 너무 쉽게 스테로이드를 선택한다.</u> 나는 일 년 동안 다른 치료법을 시도하여 실패했거나 안락사 외에는 다른 방법이 없을 때에만 코르티코스테로이드 장기 처방을 선택한다.

내가 이런 이야기를 하는 의도는 반려인에게 코르티코스테로이드를

무조건 피하라고 겁을 주는 것이 아니라 올바른 정보를 주고자 함이다. 아토피 피부염을 앓고 있는 개가 있다면 대다수는 분명히 단순하게 스테로이드를 장기간 투약하는 것보다 더 좋은 치료법이 있을 것이다. 스테로이드 치료가 필요한 경우나 반려인이 단기간의 스테로이드 사용을 원하는 경우에 나는 반려인의 동의를 얻어 스테로이드와 함께 영양 보조제, 다른 보완적 치료법을 함께 시도하곤 한다. 5장에서 이야기할 보완적 치료법은 코르티코스테로이드의 용량을 낮추는 데 도움이 되는 경우가 많다.

항히스타민제

항히스타민제는 알레르기가 있는 개의 가려움증을 완화시키기 위해 선택되는 두 번째 계열의 약물이다. 항히스타민제는 장기간 사용하는 경우에도 코르티코스테로이드보다 부작용이 적어 추천할 만하다.

히스타민은 곰팡이, 풀과 같은 외부의 알레르기 유발물질과 반응한 체내의 비만세포mast cell와 호염구에 의해 분비되는 화학물질이다. 히스타민은 전신에 걸쳐 다양한 세포에 분포하고 있는 히스타민 수용체(H1 수용체)와 결합한다. 히스타민이 수용체와 결합하면 생화학적 변화를 일으켜서 가려움증, 눈물, 콧물과 같은 알레르기 임상 증상을 나타낸다. 또한 히스타민 수용체는 혈관의 투과성을 높이고(그 결과 부종이나 체액 저류를 유발), 염증을 증가시키는 화학물질의 분비와 염증세포의 축적도 촉진시킨다.

항히스타민제는 히스타민이 히스타민 수용체와 결합하는 것을 물리적으로 차단하여 앞에서 언급한 임상 증상이 나타나지 않도록 한다. 알레르기가 있는 동물 치료에서 항히스타민제의 유용성에 대한 연구 결과가 많이 발표되었는데 약 10~30퍼센트의 개는 증상 개선을 보이는 것으로 보고되었다.

그러나 항히스타민제는 알레르기가 있는 개의 증상 관리에서 코르티코스테로이드만큼 효과적이지 않다. 항히스타민제는 히스타민 수용체를 차단하는 작용을 하는 반면 코르티코스테로이드는 가려움증을 유발하는 프로스타글란딘과 다른 화학물질의 생산을 막고, 알레르기 세포를 안정화시켜 염증을 유발하는 매개체의 작용을 막는다. 또한 히스타민은 알레르기세포(비만세포)가 분비하는 수많은 화학물질 중 하나일 뿐이다. 이것은 역으로 히스타민의 작용을 차단한다고 해도 알레르기 유발물질과 접촉한 다른 화학물질은 자유로이 반응하여 가려움증을 유발할 수 있음을 의미한다. 한 가지 더 알아둬야 할 사실은 항히스타민제는 알레르기 증상이 발현되기 전에 사용해야 효과적이라는 것이다. 일단 심한 가려움증이 나타나고 나면 항히스타민제의 가려움증 완화 효과는 반감된다.

항히스타민제에 대한 효과는 동물마다 다양하다. 어떤 개는 모든 종류의 항히스타민제에 대해 전혀 효과가 없는 반면 어떤 개는 단 한 번의 투약만으로도 큰 효과를 보인다. 어떤 항히스타민제가 어떤 동물에게 효과가 있는지를 예측하는 것은 불가능하다. <u>오직 시행착오를 거쳐야만 항히스타민제의 효과 및 코르티코스테로이드 적정 처방 용량 여부를 알 수 있다.</u>

항히스타민제를 투여한 개에게 나타나는 주요 부작용은 진정 증상(졸림)인데 사람에 비해 동물에서는 이런 증상이 큰 문제가 되지 않는다(개들은 운전을 하거나 위험한 기계를 다룰 일이 없고 졸음이 밀려오면 자 버리면 그만이기 때문이다). 진정 현상이 나타나면 당연히 개의 활력도 가라앉아서 가려움증도 진정되곤 한다. 하지만 진정 현상이 장기간 나타나는 것은 좋지 않다. 이런 증상은 흔히 며칠 내로 사라지는데 만약 나아지지 않고 계속된다면 수의사는 투여 용량을 낮추거나 복용 간격을 늘리는 등의 조치를 취하거나 다른 항히스타민제를 투여해 문제를 해결해야 한다.

항히스타민제의 장기 복용 안정성에 대한 자료는 많지 않지만 경험상 비교적 안전한 편이며 장기 투여의 경우 스테로이드에 비해 훨씬 안전하다.

❖ 항히스타민제 투여 시 진정 증상과 관련된 부작용

항히스타민제를 투여한 사람과 동물에게 나타나는 진정 증상과 관련된 부작용은 개체의 감수성에 따라 다르다. 어떤 동물은 다른 동물보다 부작용을 더 빈번하게 경험한다. 진정 증상은 항히스타민의 종류와도 관계가 있다. 이른바 1세대 항히스타민제(hydroxyzine, diphenhydramine, chlorpheniramine 등)는 중추신경계와 뇌로 쉽게 침투하여 진정 작용을 나타낸다. 2세대 항히스타민제(loratidine, terfenadine 등)는 중추신경계로 쉽게 침투하지 못하므로 진정 작용을 일으키기가 더 어렵다. 그러나 테르페나딘(terfenadine)은 사람에게 심각한 심부정맥을 유발하는 것으로 보고되는데 간 질환이 있거나 혈중 마그네슘이나 칼륨의 농도가 낮을 경우, 케토코나졸(ketoconazole), 이트라코나졸(itraconazole), 에리스로마이신(erythromycin) 등의 약물을 함께 사용할 경우 발생할 가능성이 더 높아진다. 동물에게는 테르페나딘을 사용하는 경우가 드물지만 동물에게도 같은 부작용을 나타낼 것으로 추측된다(물론 위의 세 가지 약물을 테르페나딘과 함께 사용하는 경우는 드물다).

항히스타민제는 간에서 대사되므로 간 질환이 있는 경우 주의 깊게 사용해야 한다. 녹내장, 요정체(소변이 정상적으로 배출되지 못하는 증상) 질환, 장무력증 등이 있으면 꼭 필요한 경우를 제외하고는 사용해서는 안 된다. 또한 항히스타민제는 선천적 기형을 유발할 수 있으므로 임신한 개에게 사용해서는 안 된다.

> **❖ 흔히 사용되는 항히스타민제제**
>
> 디펜히드라민(diphenhydramine)
> 클로르페니라민(chlorpheniramine)
> 히드록시진(hydroxyzine)
> 클레마스틴(clemastine)
> 테르페나딘(terfenadine*)
> 시프로헵타딘(cyproheptadine)
> 트리메프라진(trimeprazine)
> 아스테미졸(astemizole*)
> 로라타딘(loratadine*)
> *테르페나딘, 아스테미졸, 로라타딘은 몇몇 동물실험에서는 효과가 없었다. 그러나 다른 항히스타민제제가 효과를 보이지 않는 경우에는 시험적으로 다양한 용량을 투여해 볼 수 있다.

탈감작요법

앞에서 다룬 약물이 효과가 없는 동물이라면 탈감작요법hyposensitization(민감성을 저하시키는 치료)이 필요할 수 있다. 탈감작요법을 위해서는 매주 항원(개가 알레르기를 나타냈던 외부 단백질)을 주사해야 하는데 흔히 알레르기 주사라고도 한다. 개에게 영향을 미치는 항원을 정확히 찾아내기 위해 피부 테스트를 실시한 후 항원이 들어 있는 주사제를 준비한다. 이 치료의 원리는 개의 몸이 항원에 반응하도록 해서 이후 다시 노출되었을 때 가볍게 지나가도록 하는 것이다.

이런 치료법이 조금 이상하게 들릴지 모르지만 항원을 주사하는 것은 아토피 피부염 치료를 위한 '동종요법'적 접근법 중 하나이다. 많은 사람들이 알레르기 주사가 일반 주류 의학의 개념만 가진 것으로 생각하지만 그렇지 않다. 동종요법은 신체가 스스로 자신을 치유할 수 있도록 자극하는 것이다. 주사를 사용하지는 않지만 고용량에서는 질병을 유발할 수 있는 물질을 약하게 희석하여 사용하는 치료법이다. 알레르기 주사도 마찬가지로 알레르기 반응을 유발하기 위한 목적이 아니라 희석된 항원을 통하여 치유를 돕는 것이다.

나는 가능한 한 탈감작요법을 실시하지 않는다. 첫 번째 이유는 개들은 대부분 5장에서 소개할 보완적 치료법에 반응을 잘 하기 때문에 탈감작요법을 필요로 하는 경우가 드물다. 두 번째는 탈감작요법은 주사한 항원에 대한 알레르기 반응이 나타나는 등 잠재적인 부작용이 있다. 세 번째, 항원 주사는 가격이 비싸다. 네 번째, 동물이 주사를 맞고 효과를 나타내는지 확인하는 데까지 최소 12개월이 걸린다. 이 말은 결국 일 년 동안 결과를 기다리면서 다른 형태의 치료를 해야 한다는 것을 의미한다. 다섯 번째, 약 70퍼센트의 개만이 좋은 결과를 얻는다. 다시 말해 30퍼센트의 개는 치료를 시작하고 일 년이 지나도 여전히 끔찍한 알레르기에 시달릴 수 있다는 것이다.

나는 두 가지 예외적인 경우에만 탈감작요법을 실시한다. 첫 번째는 가능한 모든 치료법을 시도해 봤지만 증상이 전혀 호전되지 않아 고농도의 코르티코스테로이드 투여가 필요한 경우이다. 두 번째는 보호자가 탈감작요법을 원하는 경우이다. 인내심을 다 잃어서 알레르기 치료를 위한 다른 보완적 치료법을 시도해 볼 의욕조차 없는 반려인도 있다.

내가 봐온 상당수의 반려인은 빈번하게 병원을 찾고, 이 약 저 약 사용해 보고, 가려움과 악취로 고생하는 개를 치료하는 과정에 몹시 지쳐 있다. 이른바 인내심이 바닥을 보이는 상황인 것이다. 이런 경우에는 보완적 치료법을 통해 증상이 개선될 수 있다고 설명해도 더 이상 기다리며 지켜볼 인내심이나 의욕을 보이지 않는다. 그럴 때면 나는 주저없이 피부검사와 항원 치료를 위해 피부병학자에게 의뢰한다. 탈감작요법은 12개월에 걸친 긴 시간과 인내심을 요구하므로 나는 그동안 다른 홀리스틱적 치료를 시도해 보면 어떨지 권한다.

탈감작요법의 원리

탈감작요법의 정확한 작용 메커니즘은 알려져 있지 않으나 IgE 항체의 수치를 낮추는 것으로 추측되고 있다. IgE 항체는 알레르기 유발물질과 비만세포에 결합하는 항체로 알레르기 반응 시 가려움증을 유발한다. 알레르기 세포의 민감도가 낮아지면 비만세포와 다른 알레르기 세포의 반응도 감소한다. 그러면 다시 면역반응이 일어나게 되고, 이런 경우 마치 백신 접종과 유사하게, IgE를 대신하여 IgG와 같은 다른 계열의 항체가 만들어진다.

또 다른 이론은 신체가 항원특이성 억제세포를 만들어 알레르기 반응을 억제하는 내성 발전 이론이다. 물론 여러 가지 이론이 복합적으로 작용하여 이뤄지는 결과일 수도 있다.

만약 반려인이 탈감작요법을 실시하기로 결정했다면 정확한 진단이 필수이다. 항원 치료의 기본은 정확한 피부검사에 있다는 것을 명심해야 한다. 또한 식단을 개선하고, 영양 보조제를 급여하고, 국소적인 오염원을 제거해 주는 등의 노력도 필요하다. 이에 대해서는 5장에서 다룰 것이다.

4장 복습하기

- 어떤 치료든 시작하기 전에 적절한 진단 과정을 거쳤는지 확인해야 한다.
- 홀리스틱적 치료는 일반적 치료법과 보완적 치료법을 함께 병행하는 것이다.
- 아토피 피부염은 개들이 가려워 몸을 긁게 만드는 염증을 유발한다.
- 아토피 피부염의 일반적 치료법으로 가장 자주 사용되는 것은 코르티코스테로이드 요법이다.
- 아토피 피부염의 일반적 치료법으로 두 번째로 자주 사용되는 것은 항히스타민제 요법이다.
- 알레르기 주사라고도 불리는 탈감작요법은 희석한 항원을 주사하는 것으로 다른 방법이 모두 실패했을 때 시도할 것을 권한다.

CHAPTER 5

아토피 피부염의 홀리스틱 치료법

사람들이 건강을 위해 보다 천연적이고 홀리스틱적인 관리에 눈을 돌렸듯이 동물의 치료에서도 같은 시각의 치료적 접근이 이루어지고 있다. 우리 병원에서는 아토피 피부염을 치료할 때 국소요법, 필수지방산이나 항산화제와 같은 영양보조요법, 적절한 식이요법 등 세 가지 측면을 함께 고려한다. 대부분의 증례에서는 이 세 가지 요법이 단독으로도 효과가 커서 허브요법, 침구요법, 동종요법과 같은 좋은 치료법을 사용할 필요가 없는 경우가 많다. 이런 대체 수의학의 성공적인 치료 효과로 인해 나는 코르티코스테로이드나 항히스타민제의 사용량을 줄이거나 아예 사용하지 않게 되었다. 다만 환절기 알레르기에는 일시적으로 사용하기도 한다.

반려인이 염두에 둬야 할 한 가지는 알레르기가 있는 개는 결코 가려움에서 완전히 해방될 수 없다는 사실이다. 성공적인 치료란 '편안하게 느낄 만큼 가려운 정도'를 뜻한다. 효과적인 치료를 위해서 가끔 가려움증 완화를 위해 소량으로 스테로이드나 항히스타민제의 힘을 빌리기도 한다.

장기 스테로이드 주사를 끊은 프레드와 에델

프레드와 에델의 경우를 보자. 프레드는 가려움증 때문에 매달 장기 지속형 스테로이드인 메틸프레드니솔론을 투여받고 있었다. 나는 프레드에게 8개월에 걸쳐 다양한 영양 보조제를 먹였는데 좋은 결과를 얻었다. 프레드의 가려움은 많이 줄었고 스테로이드 주사도 중단할 수 있었다. 이제는 봄과 가을 알레르기가 기승을 부리는 시기처럼 꼭 필요할 때만 단기 지속형 스테로이드인 경구용 프레드니손을 투여하고 있다.

에델은 가려움증 때문에 매달 스테로이드 주사를 맞고 있던 개였다. 에델에게 몇 달 동안의 영양요법을 시작하자 가려움증이 많이 줄었고 스테로이드 주사를 중단할 수 있게 되었다. 현재 에델의 반려인은 가려워하는 에델을 위해 2~3일에 한 번 경구용 프레드니손을 투여하고 있다. 프레드와 에델은 완벽한 성공이라고 말하기는 어렵지만 경구용 단기 지속형 스테로이드는 일 년 내내 맞아야 했던 고농도의 장기 지속형 주사에 비하면 훨씬 안전하다.

프레드와 에델은 성공적인 치료를 했으나 궁극적인 치료법은 서로 달랐다. 나는 동물이 모든 약물로부터 해방될 수 있길 바라지만 현실이 항상 그렇지는 못하다. 동물마다 성공적인 치료 모습도 모두 다르다.

보완적 치료법의 영역은 매우 넓고 깊이도 깊다. 따라서 이 책에서 각각의 치료법에 대하여 자세하게 다루는 것은 불가능하므로 잘 알려진 몇 가지 보완적 치료법에 대해서만 다룰 것이다. 효과적인 치료를 위해 종종 서로 다른 치료법이 동시에 쓰일 수도 있다. 여러 가지 보완적 치료법만으로도 기존의 일반적 치료법(약물위주의 치료법)의 필요성이 적어지기도 한다. 모든 개체는 나름의 특성이 있으므로 모든 동물에게 어떤 보완적 치료법이 딱 맞는지를 알아내는 것은 불가능하다. 가장 중요한 것은 반려인이 홀리스틱적 관점을 가지고 가려움으로 고통 받는 반려견을 위해서 어떤 치료가 최선인지 수의사와 상의하고 결정해야 한다는 것이다.

국소요법

알레르기 유발물질과의 접촉을 피하는 것은 알레르기를 관리하는 데 매우 중요하다. 모든 알레르기 유발물질로부터 개를 완벽하게 격리시킬 수는 없지만 알레르기 반응이 나타나기 전에 가능한 한 신속하게 알레르기 유발물질을 제거하는 것은 가능하다.

목욕을 자주 시켜 주는 것도 중요한 국소요법topical treatment 중 하나이다. 피부를 통해 수많은 알레르기 유발물질이 흡수되므로 목욕을 통해서 알레르기 유발물질을 사전에 제거하면 개에게 가려움증을 유발하는 원인을 미연에 방지할 수 있다. 당연히 덜 가려우면 덜 긁는다. 고용량의 코르티코스테로이드를 투여 중인 개라고 해도 가려움증의 원인 제거를 위해 목욕을 자주 시켜 주는 것이 좋다. 알레르기 유발물질과의 접촉을 피하는 방법에 대해서는 8장에서 자세하게 다룰 것이다.

자주 목욕시키기

그렇다면 얼마나 '자주' 목욕을 시켜 줘야 할까? 동물에 따라 주기가 다르지만 일반적으로 꽃가루 등이 많은 알레르기 계절에는 일주일에 2~3회가 적당하다. 일단 긁는 행동이 조금 잦아들었다고 생각되면 일주일에 한 번까지 차츰 횟수를 줄여 나간다. 알레르기가 심한 개의 경우 증상이 가라앉을 때까지 매일 목욕을 시켜 주는 것도 좋다. 가려움이 진정된 이후에는 주 1~2회로 줄여 나간다.

    이런 이야기에 놀랐을지도 모른다. 대부분 목욕을 너무 자주 시키면 피부가 건조해져서 좋지 않다고 생각하기 때문이다. 물론 건강한 개를 자주 목욕시키면 털이 거칠어지고 피부가 건조해져 자극을 줄 수 있다. 그러나 알레르기가 있는 개는 알레르기 유발물질을 제거하기 위해서 목욕을 자주 시켜야 한다. 자극이 적은 순한 성분의 샴푸와 컨디셔너를 사용한다면 피부 손상을 최소화시킬 수 있을 것이다. 마지막 헹굴 때 목욕용 오일을 이용하는 것도 도움이 된다. 실제로 알레르기가 있는 개들은 저알레르기성 샴푸와 컨디셔너를 사용해 목욕하는 것만으로도 증상이 개선되기도 한다.

저알레르기성 샴푸와 컨디셔너의 사용

알레르기가 있는 동물을 목욕시킬 때 쓰는 제품은 시중에 다양하게 나와 있다. 처음에는 가장 순한 제품으로 시작하고 필요한 경우 약용 샴푸를 사용할 것을 권한다. '저알레르기성' 샴푸와 컨디셔너란 도대체 어떤 제품일까? 어떤 샴푸나 컨디셔너도 피부를 자극할 수 있는데 '저알레르기성' 제품이란 이런 자극을 최소화시킨 것이다. 샴푸와 컨디셔너는 개의 피부와 털에서 알레르기 유발물질을 제거하고, 피부에 수분을 공급하며, 민감성을 감소시키고, 염증과 가려움증을 완화시킨다. 이상적인 저알레르기성 샴푸와 컨디셔너의 조건은 다음과 같다.

- 세정 성분이 없는 것

비누 성분은 피부를 자극하고 건조하게 하므로 세정 성분이 없는 제품 soap free을 선택한다. 특히 자주 목욕을 시키는 경우 꼭 필요하다. 물론 알레르기가 있는 개도 오물을 제거할 때는 세정 성분이 필요하다. 좋은 저알레르기성 샴푸는 피부와 털에 묻은 때나 과도한 유분을 제거하기 위해 자극이 적은 천연 성분의 계면활성제를 사용한다.

- 사용이 간편한 것

일주일에 목욕을 여러 번 시키는 것은 결코 쉬운 일이 아니기 때문에 사용이 간편하고 헹구기 쉬워야 한다.

- 가려움 억제 성분이 들어 있는 것

가려움 억제 성분으로 가장 흔히 사용되는 성분은 콜로이드 오트밀 colloidal oatmeal이다. 나는 보통 오트밀(귀리)에 피부 진정작용 및 소염작용이 있는 알로에 베라가 첨가된 제품을 처방한다.

- 색과 향이 좋은 것

이상하게 들릴지 모르겠지만 아무리 좋은 제품이라도 반려인 마음에 들지 않으면 자주 사용하지 않는다. 그래서 다른 모든 조건이 동일하다면 이왕이면 색과 향이 좋은 것을 선택한다.

약용 샴푸와 컨디셔너의 사용

때때로 수의사들은 다른 유형의 샴푸와 컨디셔너를 추천할 수도 있다. 순한 저알레르기성 샴푸에 효과가 없다면 개의 가려움증 감소를 위해 약용 샴푸나 뿌리는 컨디셔너 등을 사용할 수 있다. 이들은 국소마취제 성분이나 항히스타민제, 코르티코스테로이드 등의 성분을 함유한 저알레르기성 제품이다.

물론 가려움증을 치료하는 천연요법 측면에서는 약용 샴푸 사용을 그다지 권하지 않는다. 그러나 약용 샴푸를 통해 항히스타민제나 코르티코스테로이드를 사용하는 편이 먹는 약이나 주사약으로 투여하는 것보다 훨씬 안전하다. 만약 반려견이 먹는 코르티코스테로이드 약물 대신 약용 샴푸로 가려움증 관리가 가능하다면 신중히 고려해 볼 필요가 있다. <u>경구제나 주사제에 대한 의존성을 줄여 나가는 것이 무엇보다 중요하기 때문이다.</u> 또 다른 종류의 약용 샴푸는 감염에 주안점을 둔 제품이다. 알레르기에 걸린 개의 상당수가 피부 감염 증상을 보이므로 단기간의 치료에 유용하다.

저알레르기성 샴푸나 컨디셔너로 목욕을 시키는 것도 가려움증 완화를 위해 매우 중요하지만(때로는 가장 중요한 치료이기도 하다), 상당수의 개는 약용 샴푸 하나만으로는 별다른 증상 개선이 없는 경우가 많으므로 약욕요법은 전체 치료 프로그램 중 한 가지 정도로만 생각해야 한다. 영양 보조제를 급여하고, 천연 성분의 식단을 제공하며, 다른 보완적 치료법을 함께 병행할 때 피부와 털의 알레르기 유발물질을 제거하고, 가려움증을 완화시키며, 피부 회복을 돕는 등 약욕요법의 효과를 극대화할 수 있다.

당단백질

앞으로 당단백질의 작용 메커니즘 및 그 효과에 대해 더 깊이 연구해야 할 과제가 남아 있지만 많은 보완적 치료법과 함께 당단백질glycoprotein을 이용해 가려움증과 염증을 국소적으로 완화시킨 보고가 다수 있다.

알로에 베라aloe vera는 아세마난acemannan이라는 당단백질의 주원료이다. 샴푸나 컨디셔너 성분표에서 알로에 베라 혹은 아세마난을 찾아보자. 내가 주로 처방하는 제품에는 이런 성분과 국소 가려움 완화작용으로 잘 알려진 콜로이드 오트밀이 함유되어 있다.

❖ **당단백질 아세마난의 아토피 치료 효과**

상처 치유를 돕고, 염증을 완화시키며, 면역작용을 조절하는 아세마난이나 앰브로토스(ambrotose)와 같은 당단백질의 생물학적인 작용 메커니즘은 아직 명확하게 밝혀지지 않았다. 아세마난은 인터루킨 1과 인터루킨 6, 종양괴사인자 등 면역조절 물질의 체내 생산을 촉진시키는 것으로 알려져 있다. 이 물질은 단단한 육종(sarcoma)을 수축시키는 데 매우 효과적인데, 이런 효능 때문에 동물 사용이 승인된 아세마난 제품도 있다. 그러나 이 물질은 염증전구물질로 사람 아토피 환자에게는 염증을 악화시킨다는 연구 결과도 있다.

> 그런데도 내가 아세마난이 아토피가 있는 개의 치료에 효과적이라고 말하는 것이 이해가 안 될지도 모르겠지만 앞서 이야기했듯이 상당수의 증례에서 효과가 있다는 일련의 보고가 있다. 아세마난은 백혈구가 병원균을 파괴하는 능력을 강화시켜 주므로 피부 감염이 있는 동물에게 도움이 된다. 또한 아직 정확히 규명되지는 않았지만 알레르기가 있는 개에서 가려움증과 염증을 완화시키는 특성이 있는 듯하다.
> 어떤 제품은 아세마난과 같은 성분이 세포 간의 소통을 원활하게 해 준다고 표기해 놓았는데, 세포 간의 원활한 소통은 분비선과 신체 장기의 기능과 관계되며 궁극적으로 건강을 유지하는 데 필수적인 요소이다.

영양보조요법

알레르기에 도움이 되는 영양 보조제는 무수히 많다. 이런 제품은 주로 효소, 야채, 지방산, 항산화제 등을 주성분으로 한다. 영양보조요법은 자체만으로도 효과가 있지만 다른 치료법과 병행할 때 더 효과를 발휘한다. <u>많은 반려인이 먹이고 있는 영양 보조제를 통해 스테로이드나 항히스타민제의 투여량을 줄일 수 있다.</u> 우리의 궁극적인 목표는 모든 약물로부터 동물을 해방시키는 것이다.

완벽하게 '이상적인' 영양 보조제는 없으며 만병 통치약도 아니다. 어떤 영양 보조제도 모든 동물의 모든 상태에 딱 들어맞을 수는 없다. 때문에 어떤 제품을 선택하느냐는 쉬운 일이 아니다. 수의사인 나도 다양한 동물의 상태에 따라 추천하는 제품이 있기는 하지만 알레르기가 있는 개에게 언제나 최고인 제품을 고를 수는 없다. 만약 한 제품을 선택하여 먹여 보고 만족스런 효과가 나타나지 않으면 다른 제품을 먹여 볼 것을 권한다. 합성 첨가물 등이 들어가 있는 제품이 아니라면 지시대로 복용할 경우 영양 보조제로 인해 부작용이 생기는 경우는 매우 드물다.

영양 보조제를 먹이고 며칠 내로 효과를 볼 수 있다고 기대해서는 안 된다. <u>효과를 확인하려면 최소한 두 달은 시간을 두고 지켜봐야 한다.</u> 나는 보통 4~6주간 고용량으로 급여를 시작하는 편이다(주로 제품 권장 용량의 두 배 정도). 그리고 효과가 나타나기 시작할 때쯤 지시된 권장 용량으로 복용량을 낮춘다. 권장 복용량에 초기 용량과 유지 용량을 별도로 표기한 제품도 있다.

일부 제품은 가격이 고가이고 대형견의 경우 비용이 만만치 않으므로 효과를 나타낼 수 있는 최소한의 용량으로 급여한다면 부담도 한결 가벼워질 것이다. 또한 영양보조요법이 효과를 나타낼 때까지 동물의 가려움증과 염증을 완화시킬 수 있는 또 다른 치료가 필요하다. 침구요법, 동종요법, 단기간의 코르티코스테로이드 투여 등이 도움이 될 수 있다.

동시에 다른 성분의 영양 보조제를 먹이는 것은 성공적인 결과를 얻을 가능성을 높이고, 스테로이드와 같은 약물치료의 의존성을 감소시키는 데 효과적이다. 내 반려견에게 어떤 영양학적 치료법이 적절한지 수의사와 상의하여 결정한다.

상당한 증상 개선에도 불구하고 때때로 일부 개들은 상태가 다시 안 좋아지기도 한다. 주로 꽃가루가 날리는 계절이나 주변 환경에 알레르기 유발물질이 증가하는 시기에 더욱 그렇다. 앞서 언급했던 일반적 치료법, 침구요법, 동종요법 등이 이런 시기에 도움이 된다. 환경적인 요인에 의해 일시적으로 나타나는 증상만 가지고 바람직한 음식을 먹이고, 영양 보조제를 급여하고, 저알레르기성 샴푸로 정기적으로 목욕을 시키는 알레르기 관리 프로그램이 실패했다고 생각해서는 안 된다.

좋은 효과를 볼 때까지 몇 가지 제품을 먹여 봐야 한다. 나는 보통 몇 가지 제품을 동시에 사용해 좋은 효과를 거뒀다. 다시 말하지만 효과를 확인할 때까지는 2~3개월의 시간이 필요하다. 개의 몸은 증상 개선을 위한 영양소를 흡수하기에 앞서 이전 치료로부터 자신의 몸을 정화시킬 시간이 필요하기 때문이다.

동물용 영양 보조제 산업은 역사가 길지 않고 법규상으로도 엄격히 관리되지 않기 때문에 반드시 수의사의 추천에 따라 신뢰할 수 있는 제품을 먹여야 한다. '이상적인' 영양 보조제의 조건은 다음과 같다.

- 안전

동물에게 해롭지 않을 것.

- 기호성

맛이 있고 기호성이 뛰어나야 개가 먹는다.

- 비용 대비 효과

비용 대비 효과가 좋아야 한다. 영양 보조제 구입비용이 들겠지만 개의 평생을 생각한다면 비용을 절감하는 것이다. 질병의 예방과 치료에 도움을 줘 몸이 아파 병원에 가는 비용을 절약할 수 있기 때문이다.

- 먹일 때 용이성

상당수의 반려인이 병원에서 처방한 약을 먹이는 데 실패한다. 영양 보조제는 알약, 물약, 씹어 먹는 약, 밥 위에 뿌려 주는 가루 형태 등 종류가 다양하다. 보통 가루 형태 제품이 가장 먹이기 쉽다.

- 다른 치료에 방해되지 않는 것

- 정확한 복용량이 알려진 것

정확한 복용량은 이상적인 영양 보조제가 되기 위한 상당히 까다로운 조건 중 하나이다. 때로는 딱딱한 과학적 연구 결과보다 임상 경험이 더 도움이 될 수 있다. 특히 아토피를 앓는 개는 더 많은 용량을 필요로 할 수 있다. 때문에 수의사와 긴밀하게 의논하여 적절한 복용량을 결정하고 급여하는 것이 좋다. 복용량 부족으로 영양 보조제 효과를 보지 못하는 경우도 많다.

앞서 말했듯이 동물의 다양한 장애를 치료하는 데 영양보조요법이 효과적이라는 임상 사례는 많다. 그러나 검증된 과학적 연구 결과가 부족한 것도 사실이다. 나와 같은 홀리스틱 수의사에게는 임상 사례만으로 충분하겠지만 다양한 보완적 치료법의 효과가 과학적 연구를 통해 검증되는 것도 필요하다. 그리고 아토피 분야와 관련해 채소류, 효소, 지방산 등에 관한 연구가 필요한 것도 사실이다.

영양보조요법을 시작할 때 반려인과 수의사는 많은 이야기를 나누어야 한다. 반려인은 안전한지, 부작용이 없는지 등 많은 것을 수의사에게 의존하기 때문이다.

효소제제

섭취한 영양소를 소화, 흡수하는 세포 내 과정은 적절한 효소의 작용에 달려 있다고 해도 과언이 아니다. 췌장(이자)은 아밀라아제, 리파아제, 다양한 단백질 가수분해효소를 분비한다. 아밀라아제는 탄수화물, 리파아제는 지방, 단백질 가수분해효소는 단백질을 분해한다. 췌장의 효소들이 음식물을 적당히 소화시키고 난 뒤에야 비로소 몸은 그 안에 포함되어 있는 영양소를 흡수할 수 있다. 아토피에 걸린 어떤 개든 영양소의 흡수율이 높아지면서 가려움증과 염증이 완화되기도 한다. 또한 효소는 분명하지는 않지만 의학적으로 효과가 있는 중요 파이토뉴트리언트나 천연 식물 성분 등 피부의 치료에 도움이 되는 어떤 영양소를 흡수할 수 있도록 도와주는 것 같다.

췌장이 음식물 소화를 돕는 소화효소를 분비하기는 하지만 추가로 공급되는 소화효소 역시 소화와 흡수 과정을 돕는다. 신선한 천연식품에는 가공식품에는 없는 효소를 포함한 수많은 물질이 들어 있다. 효소는 저온(냉동)과 고온(49~71도)에서 파괴되므로 가공식품은 영양소는 물론 효소의 양도 감소시킨다. 만약 반려견에게 가공식품을 먹이고 있다면 그것이 아무리 천연에 가까운 것이라 해도 소화에 필요한 효소를 제대로 공급하기 어려우므로 췌장에서 분비되는 효소에만 의지해 소화시켜야 한다. 그래서 개에게 효소 성분의 영양 보조제를 급여하면 이런 문제를 해결할 수 있다. <u>가공하지 않은 천연식품을 먹는 개에게도 효소는 큰 도움이 되므로 수의사들은 종종 효소 성분의 영양 보조제를 추천한다.</u>

효소는 개가 먹은 음식으로부터 유리된 필수 영양소에 의해 작용한다. 즉, 최고의 음식을 먹었을 때 최고로 작용하는 것이다. 우리가 효소에 대해 전부 다 알지는 못하지만 효소 성분의 영양 보조제를 통해 음식물로부터 비타민, 미네랄, 지방산 등의 흡수를 증가시킬 수 있다는 사실은 안다. 연구에서는 식물성 효소 성분 영양 보조제가 아연, 셀레늄, 비타민 B_6, 리놀렌산linoleic acid의 흡수를 향상시켰다. 어떤 피부병학자들은 셀레늄이 갑상선호르몬과 관련이 있으므로 셀레늄의 흡수가 증가해 어떤 식으로든 갑상선호르몬에 영향을 주어 피부와 털이 '정상화'된다는 가설을 주장하기도 한다.

효소제제는 알레르기가 있는 개를 위한 단독 요법으로는 적합하지 않다. 하지만 효소 성분이 들어 있는 영양 보조제는 증상 개선을 위해 동물에게 추천하는 다섯 가지 영양 보조제 중 하나이다. 효소제제는 주로 알레르기가 있는 개의 영양 상태를 전반적으로 개선시킬 때 이용된다. 췌장에서 분비되는 효소, 미생물성 효소, 식물성 효소 등을 처방할 수 있는데 알레르기가 있는 동물에게는 식물성 효소만이 효과가 있는 듯해서 나는 식물성 효소 제품을 추천한다. 식물성 효소는 췌장에서 분비되는 효소에 비해 훨씬 넓은 범위의 수소이온농도 pH 환경(pH 3~9)에서 작용할 수 있다. 또한 식물이 가진 셀룰라아제cellulase 효소는 개나 고양이가 체내에서 생산하지 못하는 것이다. 아밀라아제, 리파아제, 단백질 가수분해효소에 더하여 셀룰라아제까지 함유된 제품은 아토피 피부염 같은 건강상에 문제가 있는 동물에게 더욱 효과적이다. 셀룰라아제는 식이섬유와 결합한 아연 등의 영양소를 분리시킨다.

<u>효소 성분이 들어 있는 영양 보조제는 가격도 저렴하고, 안전하며, 가루나 알약 형태로 되어 있어서 먹이기도 편하다.</u> 가루형

제품은 음식과 함께 섞어 주거나 뿌려 주면 된다. 반려견에게 어떤 제품이 가장 적합할지 결정하는 데 수의사의 도움을 받는다.

> ### ✣ 글루타싸이온 과산화효소
>
> 알레르기 상태에서 매우 중요한 역할을 하는 또 다른 효소가 바로 글루타싸이온 과산화효소(glutathione peroxidase)이다. 글루타싸이온 과산화효소는 류코트리엔(leukotriens), 아라키돈산의 대사 부산물 등 알레르기 반응에 관여하는 다양한 물질을 분해하는 데 매우 중요하다. 글루타싸이온 과산화효소는 항산화 미네랄인 셀레늄 농도의 영향을 받는데 천식이 있는 사람들에게서 셀레늄이 감소하면 글루타싸이온 과산화효소도 감소한다는 자료가 있다. 그러므로 셀레늄을 급여하면 글루타싸이온 과산화효소도 증가한다. 류코트리엔을 제어하고 궁극적으로 알레르기 반응을 조절하는 데 도움이 되는 것이다.

녹색 식품

보리순barely grass, 스피룰리나, 알팔파, 밀순wheat grass, 조류algae 등과 같은 녹색 식품은 건강에 좋은 영양소를 매우 다양하게 함유하고 있다. 녹색 식품은 다량의 비타민 A, B_1, B_2, B_6, C, E, 바이오틴, 엽산, 콜린, 판토텐산, 니코틴산, 철분, 엽록소, 칼륨, 칼슘, 마그네슘, 망가니즈, 아연, 단백질, 효소 등을 함유하고 있다. 이런 영양소를 섭취함으로써 가공식품의 미네랄, 효소, 비타민 불균형으로 인한 이상을 치료하고 예방할 수 있다.

 엽록소는 항염증 효과로 치유에 큰 도움이 된다. 녹색 식품에 들어 있는 효소들은 영양소의 소화와 흡수를 도와주며, 알레르기가 있는 동물의 염증 감소에 도움이 된다. 아토피가 있는 개를 위한 영양보조요법에서 녹색 식품 단독으로는 별 효과가 없지만 다른 영양 보조제와 함께 급여하는 경우 항염증 작용으로 효과가 매우 좋다. 효소제제와 마찬가지로 녹색 식품은 모든 동물에게 매우 유익하다.

필수지방산

지방산 형태의 지방이 들어 있는 영양 보조제가 최근 수의사 사이에서 매우 인기를 얻고 있다. 처음에는 알레르기 동물의 치료에 이용되기 시작했으나 지금은 신장 질환, 콜레스테롤 수치가 높은 경우, 관절염 등에도 사용되고 있다. 수의사들은 지방산이 다양한 질환에 효과가 있음을 밝혀냈고, 대다수의 수의사가 아토피 치료에 지방산을 사용할 정도로 보편적인 치료법이 되었다.

여기서 말하는 지방산은 윤기 있는 털을 만들기 위해 음식에 첨가하는 식물성 오일을 뜻하는 것이 아니라 오메가 3 지방산과 오메가 6 지방산이다(오메가 9 지방산은 동물에게 거의 사용되지 않는다). EPAeicosapentaenoic acid, DHAdocosahexaenoic acid를 포함하는 오메가 3 지방산은 연어나 송어 같은 차가운 물에 사는 생선의 어유에 많이 들어 있다. 리놀렌산LA : linolenic acid과 감마리놀렌산GLA : gamma linolenic acid을 포함하는 오메가 6 지방산은 달맞이꽃, 블랙커런트, 보리지borage 등의 종자유에 많이 들어 있다.

가공식품에는 오메가 6 지방산은 많이 들어 있으나 오메가 3 지방산은 적게 들어 있으므로 반려견에게 가공식품을 먹이고 있다면 오메가 3 지방산 제품을 추가로 급여하는 것이 좋다. 다량의 오메가 3 지방산을 급여하면 비염증성 에이코사노이드eicosanoid의 생산을 돕고, 아토피 피부염으로 인한 염증과 가려움증을 감소시킨다(94쪽 참조). 하지만 아라키돈산으로부터 생산되는 에이코사노이드가 아토피의 염증을 유발하는 유일한 원인은 아니므로 지방산 단독 요법보다는 다른 영양 보조제와 함께 급여해야 효과가 좋다.

– 지방산 제품의 선택

지방산 제품은 주로 펌프식 병에 든 액상 형태, 캡슐 형태로 판매된다. 동물들은 대부분 어느 것이든 별 무리 없이 급여가 가능하지만 알약을 먹이는 데 어려움을 느끼는 경우가 많아 액상형 제품이 더 인기가 좋다. 9킬로그램 미만의 개라면 액상형 제품이 캡슐형 제품에 비해 더 저렴하다.

개에게 약을 먹이기 힘들어하는 반려인이나 개가 절대로 지방산 제품을 먹지 않으려 할 경우 필수지방산이 들어 있는 처방식을 먹이는 것도 좋다. 처방식은 동물병원에서 구입할 수 있는데 알레르기용 처방식 제품도 많이 나와 있다. 자연주의적 사고를 가진 반려인은 대부분 이런 제품이 천연제품이 아니라는 사실을 걱정하는데 사실 상업 사료는 대부분 보충재, 부산물, 화학 보존제, 첨가물 등이 들어 있는 것이 현실이다. 때문에 천연 가공 사료를 먹이거나 가정식을 먹이면서 필수지방산 제품을 보조적으로 급여하는 것이 바람직하다.

만약 포장 가공된 지방산 제품을 급여 중이라면 제품 표시에 적힌 지방산 원료를 꼭 확인해야 한다. 가공식품은 대부분 지방산 원료로 아마씨flaxseed를 사용한다. 아마씨나 아마씨 오일은 동물에 유해하지 않고 오메가 6 지방산과 오메가 3 지방산을 소량 공급해 준다. 아마씨 오일에는 오메가 3 지방산인 ALAalphalinoleic acid가 들어 있는데 ALA는 궁극적으로 EPA와 DHA로 전환된다. 그러나 많은 동물과 일부 사람은 불포화 효소가 결핍되어 있어 ALA를 보다 활성이 강한 비염증성 오메가 3 지방산 형태로 전환시키지 못한다. 사람을 대상으로 한 연구에 따르면 아마씨 오일은 증상을 완화시키거나 EPA와 DHA의 수치를 증가시키는 데는 그다지 효과가 없다는 보고도 있다. 때문에 나는 아토피가 있는 개에게 아마씨 오일 제품은 추천하지 않는다. 대신에 EPA와 DHA가 풍부한 어유를 원료로 만든 제품을 추천한다. 하지만 종종 보호자들은 어유의 '비린내' 때문에 아마씨 오일을 선택하기도 한다.

최근에는 비린내로 인한 어유의 급여상의 어려움을 보완하기 위해, 간식 형태의 제품도 많이 시판되고 있다. 다만 이런 제품들은 오메가 지방산의 원료 및 함량을 꼼꼼히 확인해야 좋은 효과를 기대할 수 있다. - 옮긴이

- 지방산 제품의 효과

알레르기가 있는 동물에 대한 지방산제제의 효과가 많은 연구를 통해 밝혀지고 있다. 그런데 이런 연구가 주로 유명회사의 몇몇 제품에서만 이뤄져 아쉽다. 영양 보조제 제조사들은 대부분 효과를 명확히 검증하는 이중맹검 위약대조실험double blind placebo control test을 위해 고가의 연구비용을 지불하지 않고 있다. 물론 연구를 실시한 회사의 제품만 효과가 있다는 말은 절대 아니다. 때문에 반려견을 위해 영양 보조제를 선택할 때는 수의사의 조언을 따라야 한다. 만약 급여 중인 지방산 제품으로 별다른 효과가 없었다면 다른 제품으로 교체하는 것이 좋다.

문헌에 따르면 어유에서 추출한 지방산은 가려움증과 염증을 완화하는 데 효과가 있다고 한다. 알레르기가 있는 개의 11~27퍼센트, 고양이의 50퍼센트 이상이 개선 효과를 나타냈다. 하지만 지방산제제가 얼마나 효과적으로 작용하는가는 사용된 제품, 용량, 다른 질환의 유무 등 여러 가지 요소에 따라 다르다. 아토피가 있는 동물의 상당수가 벼룩 알레르기, 세균성 피부 감염, 말라세지아 피부 감염, 음식과민반응 등을 동시에 가지고 있다. 이런 동시에 발생하는 문제들이 진단되고 치료되지 않은 채 아토피 피부염만 생각하고 단순히 지방산제제를 급여한다면 큰 효과를 얻기 어렵다.

참고로 내 임상 경험으로는 앞의 자료와 같은 환상적인 효과를 확인할 수 없었다. 내 환자 중 다른 보조적인 치료 없이 지방산 급여 하나만으로 증상이 개선된 경우는 거의 없었기 때문이다. 나는 반려인과 함께 연구 자료에 대해 이야기를 나누고, 내 경험상 지방산 급여만으로는 좋은 결과를 얻을 수 없었으므로 다른 보완적 치료법을 사용할 것을 권한다. 왜 그런 좋은 결과를 얻을 수 없었는지는 모르겠지만 분명한 것은 연구 자료는 다양한 임상 여건에서 제시되는 하나의 지침서일 뿐이라는 점이다. 내가 진료하는 이곳 텍사스는 일 년 내내 알레르기가 기승을 부리는 지역이다. 때문에 다른 지역보다 알레르기를 관리하는 일이 몇 배 더 어렵다.

나를 포함해 많은 수의사들이 지방산제제를 다양한 질병 치료에 이용하고 있지만 아직 많은 논란이 있다. 그중 하나가 지방산의 용량에 대한 것이다. 지방산의 항염증 효과 때문에 나는 아토피를 치료할 때 고용량을 처방한다. 대부분 수의사와 마찬가지로 나 역시 라벨에 적힌 지시 용량의 2~4배를 사용한다. 연구에 따르면 대부분의 제품이 라벨에 적힌 용량만으로는 충분한 항염증 효과를 얻기 어렵다고 한다.

사람을 대상으로 한 연구 결과는 지방산 효과를 나타내는 복용량으로 하루에 GLA는 1.4~2.8그램, EPA는 1.7그램, DHA는 0.9그램을 제시하고 있다. 하지만 대부분의 제품이 저용량으로 시판되고 있기 때문에 이렇게 많은 양을 섭취하기란 쉽지 않다. 만약 여기서 제시하는 용량이 맞다면 이를 개의 체중으로 환산했을 때 23킬로그램의 개는 제품에 따라 차이는 있겠지만 10알 이상의 지방산 캡슐을 먹어야 한다.

또 다른 문제는 적합한 지방산을 사용하는 것이다. 오메가 3 지방산(EPA, DHA)만 급여해야 할까 아니면 오메가 6 지방산(GLA)이 혼합된 제품을 급여해야 할까? 오메가 3 지방산과 오메가 6 지방산의 가장 이상적인 혼합비율은 어떻게 될까? 논란이 있기는 하지만 가장 이상적인 비율은 오메가 6 지방산 5와 오메가 3 지방산 1일 때이다. 그러나 이 이상적인 비율이 알레르기 치료에도 가장 이상적인지는 분명치 않다. 다만, 한 프리미엄급 사료회사에 따르면 5 : 1의 비율로 배합된 지방산이 들어 있는 자사의 사료를 먹였을 때 알레르기가 있는 동물의 증상 개선 효과가 가장 컸으며, 다른 비율에서는 그만큼의 증상 개선 효과가 나타나지 않았다고 한다.

다른 영양 보조제와 마찬가지로 종종 필수지방산제제의 급여가 코르티코스테로이드나 항히스타민제와 같은 약물의 사용량을 줄여 주기도 한다. 문헌에 따르면 임상 증상이 경미한 일부 알레르기가 있는 개들은 반려인이 규칙적으로 저알레르기성 샴푸로 목욕을 시키고 필수지방산을 급여하는 것만으로도 예후가 상당히 좋았다고 한다. 다만, 앞서 이야기했듯이 나는 필수지방산 단독 요법만으로는 좋은 효과를 얻을 수 없었다.

필수지방산이 아토피 피부염 치료에 도움이 된다는 충분한 자료는 갖게 되었지만 지방산의 적정한 용량이나 오메가 6 지방산과 오메가 3 지방산의 이상적인 비율 등에 대해서는 더 많은 연구가 필요하다. 보다 분명한 결론을 얻을 때까지는 수의사와 상의하면서 가장 적합한 제품을 선택하는 것이 좋다. 현재까지 진행된 연구의 한계를 이해해야 한다.
최근에 나온 자료에 따르면 오메가 6 지방산과 오메가 3 지방산의 최적의 비율은 2 : 1~3 : 1 정도이다. - 옮긴이

건강에 도움이 되는 기타 성분

수많은 제품이 자사의 제품을 '건강에 유익하다'고 광고한다. 보통 이런 제품은 보리순, 밀, 쌀, 효소, 지방산, 비타민, 미네랄, 해조류, 알팔파 등 다양한 성분을 함유하고 있다. 이런 성분이 어떻게 아토피가 있는 개의 치료에 도움이 되는지는 명확히 밝혀지지 않았지만 분명한 것은 이런 성분이 항산화제, 비타민, 미네랄처럼 평상시 식단에서 결핍된 무언가를 충족시켜 준다는 것이다. 지방산제제처럼 염증전구물질의 생산을 방해할지도 모른다. 또한 이런 성분은 피부를 치유하고 세포가 정상적인 상태를 유지할 수 있도록 영양소를 공급해 주기도 한다. 이런 영양보조제의 성분은 매우 다양하기 때문에 어떤 제품을 선택하든 수의사와 상의하는 것이 좋다.

항산화제

많은 항산화제는 알레르기 개에게 효과가 있다. 가장 흔한 항산화

제는 비타민 A, C, E와 셀레늄, 망가니즈, 아연과 같은 미네랄이다. SODsuperoxide dismutase, 글루타싸이온, 시스테인, 코엔자임 Q10, 은 행, 빌베리, 포도씨 추출물, 피크노제놀pycnogenol 등의 항산화제도 아토피가 있는 동물에게 효과가 있다.

- 항산화제의 효과

사람을 대상으로 한 항산화제 효과에 대한 연구는 많은 진전이 있었다. 비타민 C나 다른 항산화제가 개에게도 사람에서와 같은 효과를 나타내는지는 정확히 알려져 있지 않지만 사람에서의 효과에 비춰 볼 때 홀리스틱 수의사라면 대부분 아토피가 있는 개에게 비타민 C 등의 항산화제를 처방할 것이다.

사람을 대상으로 한 연구에 따르면 천식 환자는 혈중 비타민 C 수치가 정상인보다 낮은데 이것은 천식 환자에게 비타민 C가 더 많이 필요하다는 말이기도 하다. 천식 환자에게 매일 비타민 C 보조제 1~2그램을 투여해 증상을 개선시켰다는 연구도 있고, 비타민 C가 히스타민의 독성 제거율을 높이고 백혈구에 의한 히스타민의 분비를 막는다는 사실도 밝혀졌다.

비타민 E는 항산화제이자 염증을 유발하는 물질인 류코트리엔 생성 억제제로 작용한다. 비타민 A와 카로틴도 류코트리엔의 생성을 억제한다. 비타민 E의 보조 미네랄인 셀레늄도 알레르기에 효과가 있는 것으로 생각된다. 효소제제에서 언급한 바와 같이 셀레늄은 글루타싸이온 과산화효소와의 상호작용을 통해 알레르기 반응을 감소시킨다(122쪽 참조).

❖ 항산화제의 기능

체내에서 항산화제는 산화 작용을 감소시키는 기능을 한다. 산화 작용은 신체의 세포에서 일어나는 화학 과정으로 산화가 일어나면 페록사이드(peroxide)와 활성산소 등의 부산물이 축적된다. 세포 부산물은 세포에 독성을 나타내며 조직 주위를 둘러싼다. 신체는 항산화제라고 불리는 화학물질을 생산해서 산화물과 싸우고 부산물을 제거한다. 질병 상태에서는 과도한 산화 작용이 일어나게 되고 정상적인 항산화제 생산 능력의 한계를 벗어난다. 이런 경우 항산화제를 공급해 주면 큰 도움이 된다. 반려견에게 항산화제를 추가로 공급하면 개의 몸은 세포의 산화로 인한 해로운 부산물을 중화시킬 수 있다.

케르세틴quercetin과 같은 바이오플라보노이드는 식물성 항산화제로 비만세포가 히스타민을 분비하는 것을 방해하고 류코트리엔의 생성을 감소시킨다. 케르세틴은 비타민 C의 소모량을 줄이고, 비만세포의 세포막을 안정화시켜 비만세포가 파괴되면서 히스타민이나 기타 염증성 물질이 방출되는 것을 막는다. 바이오플라보노이드 중 특히 케르세틴은 포도씨, 소나무껍질, 녹차, 은행잎 등에 많이 들어 있다.

<u>피크노제놀은 종종 아토피 피부염 등의 염증성 장애가 있는 환자에게 처방된다.</u> 피크노제놀은 남부 프랑스에서 재배되는 소나무껍질에서 추출한 바이오플라보노이드 혼합물로 프로안토시아니딘proanthocyanidin이라고도 한다. 바이오플라보노이드는 염증을 유발하고 알레르기 반응을 일으키는 프로스타글란딘과 류코트리엔을 억제한다. 피크노제놀을 복용한 환자들은 증상이 개선되고 활력이 증가했다는 연구

가 있다. 아마도 동물에게서도 유사한 효과를 얻을 수 있을 것이라 예상된다.

케르세틴과 마찬가지로 피크노제놀도 다른 항산화제인 비타민 C의 효과를 강화하는 듯하다. 바이오플라보노이드가 다른 항산화제와는 독립적으로 작용한다는 연구도 있다. 하지만 영양 보조제를 복용한 많은 증례에 비춰 볼 때 몇 가지 항산화제를 함께 병행 투여했을 때 더욱 효과가 크다고 할 수 있다.

> **❖ 반려견을 위한 분자교정요법**
>
> 흔히 사용되는 분자교정요법은 항산화제인 비타민 A, E와 셀레늄을 공급해 주는 것이다. 처음에는 고용량으로 시작하여 보통 6~8주쯤 가려움증이나 발적 증상이 가라앉는 등 개선 효과가 나타나기 시작하면 유지 용량으로 낮춘다.
>
> ▶ **초기 용량**
> 비타민 A 10,000IU/일(소형견), 20,000IU/일(중형견), 30,000IU/일(대형견)
> 비타민 E 800IU/일(소형견), 1,600IU/일(중형견), 2,400IU/일(대형견)
> 셀레늄 20mcg/일(소형견), 40mcg/일(중형견), 60mcg/일(대형견)
>
> ▶ **유지 용량**
> 비타민 A 1,250IU/일(소형견), 2,500IU/일(중형견), 5,000IU/일(대형견)
> 비타민 E 100IU/일(소형견), 200IU/일(중형견), 400IU/일(대형견)
> 셀레늄 2.5mcg/일(소형견), 5mcg/일(중형견), 7.5mcg/일(대형견)
>
> 항산화제의 고용량 투여로 인한 잠재적 독성 위험이 있으므로 분자교정요법은 반드시 수의사의 감독 아래서만 이뤄져야 한다.

– 아토피 피부염과 항산화제

분자교정요법은 항산화제를 이용하여 동물의 신체적 이상을 치료하는 의학 용어이다. 몇몇 수의사들은 아토피 피부염에 이 요법을 적용해 큰 효과를 봤다고 보고하고 있다. 아토피 피부염이 있는 개에게 항산화제를 사용하는 기본적인 원리는 면역계의 기능을 극대화시키고, 피부세포의 파괴를 막아 주며, 부신 기능을 극대화시키고, 히스타민을 해독시켜 주는 것이다.

자세한 것은 주치의와 상의해서 결정하도록 한다. 분자교정요법은 아토피 피부염이 있는 개의 치료를 위한 홀리스틱 접근법 가운데 하나이다. 아토피 피부염이 있는 개를 위한 전체적인 치료 프로그램에는 화학 첨가물과 불순물이 들어 있지 않은 자연적인 음식을 주고, 전반적인 건강을 위해 지방산제제를 주며, 제대로 된 알레르기 진단을 받는 일이 포함된다.

비타민 A, E와 같은 항산화제 외에도 수의사들은 장내성bowel tolerance을 확인하기 위해 크리스탈린 소디움 아스코르베이트crystalline sodium ascorbate를 사용한다. 장내성은 설사를 유발하기 직전의 용량을 말하는데 개가 항산화제를 먹고 설사를 했다면 설사를 하기 전에 먹이던 용량을 급여하면 된다.

코엔자임 Q10

동물의 심장 질환에 쓰이는 영양 보조제로 가장 잘 알려진 코엔자임 Q10은 비타민 E를 닮은 비타민 유사 물질이다. 항산화 작용을 하며 지방산의 과산화에 의한 활성산소를 감소시킨다. 또한 코엔자임 Q10은 체내 세포의 에너지 생산에도 중요한 역할을 하며, 히스타민의 염증 반응에 대항하는 작용을 하기도 한다. 아직 자료가 부족하기는 하지만 코엔자임 Q10은 알레르기가 있는 동물에게 매우 유익한 것으로 생각된다.

DMG

DMGdimenthylglycine는 다양한 건강상의 문제로부터의 회복을 돕고 기능을 향상시키는 대사강화제이다. 사람과 동물에게 경구용 DMG 보조제를 먹여 면역 기능이 향상되었다는 연구 결과가 있다. 면역 기능의 강화 작용과 잠재적인 항염증 작용으로 DMG는 알레르기를 포함한 다양한 질환의 치료에 사용되고 있다. 하지만 아토피 피부염이 있는 동물과 관련된 DMG 효과 자료는 많이 부족한 실정이다.

생식과 호르몬 제품

생식과 호르몬 제품도 질병을 치료하는 데 이용된다. 생식은 특정 비타민이나 미네랄이 아니라 식품 자체로 생화학적 영양 성분을 공급해 준다. 동물에게 합성 비타민 C 제품을 주는 대신에 생식에 함유된 천연 상태의 비타민 C를 제공하는 것이다. 예를 들어 수의사는 비타민 C 복합체 중 하나에 불과한 합성 아스코르브산ascorbic acid을 투여하는 대신 완전한 비타민 C 복합체를 함유하고 있는 당근, 브로콜리, 밀 등에서 추출한 천연(생) 식품 보조제를 처방할 수 있다.

호르몬 제품은 소, 돼지, 양 등의 내분비선에서 추출하여 특별한 공정을 거쳐 농축시킨 것이다. 이런 제품은 특별한 영양학적 혹은 생화학적 작용을 위해 매우 높은 생화학적 활성을 나타내도록 만들어진다. 예를 들어 동물에게 합성 갑상선호르몬 제품을 투여하는 대신에 수의사는 동물의 갑상선에서 추출한 보조제를 처방할 수 있다.

호르몬 제품의 효과

수의학 분야에서 종종 사용되는 호르몬 제품은 알레르기가 있는 동물의 원활한 면역 기능을 위한 갑상선호르몬 추출물이다. 이런 호르몬 제품은 부신호르몬인 DHEA의 분비를 촉진시키는데, 연구에 따르면 일부 천식 환자의 경우 혈중 DHEA 수치가 감소한다고 한다.

또 다른 연구에 따르면 호르몬 제품은 주입된 세포와 그 성분이 목적 조직에서 활발히 축적되어 흡수되는 것으로 나타났다. 또한 정상 장기보다 병에 걸린 장기에서 세포의 축적이 더 신속하게 일어났다. 이유는 아마도 질병 상태 장기의 호르몬 요구량이 증가했기 때문일 것이다. 주입 또는 이식된 세포는 수혜자의 조직에서 조직특이적인 효과를 나타내게 된다. 예를 들어 갑상선 질환이 있는 동물에게 주입된 갑상선세포는 갑상선 재생을 가속화시킨다. 호르몬 제품을 경구용으로 급여함으로써 평생 그 효과를 지속시킬 수도 있다.

마지막으로 호르몬 제품은 활성 호르몬 성분뿐만 아니라 아직 역할이 규명되지는 않았지만 다양한 생물학적 작용을 가진 성분도 포함하고 있다.

생식의 효과

생식의 개념은 간단하다. 왜 비타민이나 미네랄의 일부만 함유된 합성 비타민이나 미네랄을 먹일까? 대신 천연식품을 먹인다면 동물에게 더 풍부한 영양소를 공급해 줄 수 있다는 것이다.

신선한 과일과 채소에 들어 있는 천연 영양소를 합성 비타민으로 대체하는 경우 질병 방어 능력이 상실된다는 연구가 많다. 1942년에 발표된 연구에 따르면 비타민 C 결핍으로 인해 괴혈병에 걸린 사람들이 레몬 주스에 들어 있는 비타민 C나 합성 아스코르브산을 먹고 나았는데 레몬 주스에 든 비타민 C를 먹은 사람이 합성 비타민 C를 먹은 사람보다 회복이 더 빨랐다. 최근 연구로는 1994년 《뉴잉글랜드 의학 저널(New England Journal of Medicine)》에 실린 논문에 따르면 합성 항산화제가 결장의 양성 종양 재발 방지에는 별 효과가 없었다. 그러나 천연 채소와 과일에 들어 있는 고농도의 항산화제는 결장암 예방 효과가 있었다고 한다.

천연식품 지지자들은 이런 효과는 피토케미컬phytochemical에 의한 것이라고 주장한다. 피토케미컬이란 천연식품에 들어 있는 수많은 성분으로 이런 효과는 단순히 비타민 C나 아스코르브산 때문이 아니라 완전한 비타민 C 복합체에 수많은 화학물질(상당수는 아직 역할이 정확히 규명되지 않았지만)이 더해져 나타난다는 것이다.

사람용 영양 보조제를 생산하고 있는 스탠더드프로세스Standard Process는 천연 상태의 비타민과 미네랄의 효과가 합성 제품에 비해 월등하다는 믿음에 기반을 두고 설립된 회사이다. 나는 아토피 피부염 치료를 위해 천연 비타민-미네랄 보조제인 캐탈린Catalyn, 알러플랙스Allerplex, 데르마트로핀Dermatrophin, 리바플렉스Livaplex 등을 추천한다.

천연식품이 합성 비타민보다 월등히 효과적이라는 많은 연구에도 불구하고 보완적 치료법을 행하는 많은 수의사들은 합성 비타민을 통해서도 좋은 치료 결과를 얻고 있다. 천연식품의 그것에는 미치지 못하지만 합성 비타민이나 미네랄도 동물 치료에 효과가 있음을 기억하자.

결론은 부산물과 화학 첨가물이 들어 있지 않은 건강에 좋은 음식을 먹이고, 건강을 유지하고 질병 예방을 위해 천연식품 보조제를 먹이라는 것이다. 그리고 예를 들어서 아토피 피부염과 같이 추가적으로 항산화제가 필요하거나 천연식품이나 호르몬제제에 반응을 보이지 않는 경우는 치료를 위해서 수의사의 지시하에 합성 비타민을 급여한다. 하지만 가능하다면 합성 비타민과 미네랄 대신에 수많은 피토케미컬이 들어 있는 천연식품을 이용하는 것이 좋다.

5장 복습하기

- 어떤 보완적 치료법을 선택하든 정확한 진단이 우선이다.
- 알레르기가 있는 동물의 성공적인 관리란 가려움을 줄여 편하게 생활하도록 해 주는 것이다.
- 목욕을 자주 시켜 주는 것을 포함한 국소요법은 알레르기가 있는 동물의 관리에 필수적이다.
- 적절한 식단과 영양보조요법은 동물의 면역계를 강화해 2차 감염에 대한 저항력을 높인다.

CHAPTER 6

그 밖의 보완대체 수의학

지금까지 살펴본 치료법 외에도 동물의 아토피 피부염 치료를 위한 많은 보완적 치료법이 있다. 허브요법, 침술요법, 동종요법 등이 그것이다.

허브요법(생약요법)

다양한 허브가 아토피 피부염에 걸린 개의 치료에 이용되고 있다. 수의사는 허브 전체를 처방하기도 하고 일부 활성 성분만 처방하기도 한다. 시판되는 허브 제품 또한 전체를 함유한 제품뿐 아니라 일부 성분만 함유한 제품 등 다양하다. 활성 성분만 들어 있는 제품은 식물성 독소나 효과를 저하시키는 일부 성분을 제거하여 안전하다는 장점이 있지만 약효에 중요한 작용을 하는 성분까지 손실될 수 있다는 단점이 있다. 때문에 어떤 제품이 더 효과적이냐에 대해서는 논란이 많다.

많은 업체가 사람과 동물을 위한 허브 제품을 시장에 내놓고 있지만 건강기능식품으로서의 품질 관리는 부족한 것이 사실이다. 한 연구에 따르면 제품에 따라 라벨에 적힌 효과와의 차이가 컸으며 일부 제품은 효과가 전혀 없는 경우도 있었다. 따라서 신뢰할 수 있는 업체의 우수한 품질의 제품만 구입한다. 나 또한 품질 관리를 신뢰할 수 있는 업체의 제품만 선택한다. 가격이 저렴한 제품의 경우 대부분 품질 역시 떨어져 효과가 의심스러운 경우가 많다.

허브요법에 관한 연구는 크게 서양의 허브요법과 동양의학의 생약요법으로 나뉘는데 사용하는 허브 중 중복되는 재료도 많다.

서양 허브요법

서양 허브요법을 사용하기 전에 수의사는 먼저 4장에 설명한 것처럼 주류 수의학을 통해 정확한 진단을 내려야 한다. 아토피 피부염에 허브요법이 좋은 효과를 나타내기는 하지만 그보다 더 중요한 것은 어떤 허브가 가장 적합한가, 어떻게 배합하는 것이 좋은가, 얼마나 사용하는가를 결정하는 일이다.

허브요법을 이용한 동물의 아토피 피부염 치료에 관한 연구 자료는 거의 없다. 따라서 대부분의 정보는 사람의 치료법으로부터 가져오거나 수의사들의 경험을 바탕으로 한 것이다. 동물의 아토피 피부염 치료에는 다른 보완적 치료법이 상당히 효과가 좋아서 상대적으로 허브요법은 자주 사용되지 않는 측면도 있다. 반려견에게 허브요법을 적용하고 싶다면 먼저 허브에 대해서 정확히 알아야 한다.

허브의 종류에 따라 경구용 또는 국소용으로 사용할 수 있다. 국소용 허브로는 페퍼민트, 캐모마일, 금잔화calendula, 주니퍼juniper, 라벤더, 장미껍질, 우바우르시 성분의 린스 제품 등이 가려움증 완화에 도움이 된다. 다음에 소개하는 허브도 아토피 피부염에 유용하다.

− 알팔파 alfalfa

항염증, 항산화, 이뇨작용을 나타내는 녹색 식품이다.

− 알로에 aloe

린스, 크림, 젤 형태로 국소적으로 적용할 수 있다. 내가 사용하는 오트밀 성분의 샴푸와 린스에는 항염증 작용을 나타내는 알로에 베라 성분도 첨가되어 있다. 알로에 베라에 들어 있는 면역자극 당단백질인 아세마난이나 앰브로토스 등도 알레르기와 피부 감염 치료에 도움이 된다(115쪽 참조). 다만, 알로에는 경구로 복용할 경우 설사를 유발하므로 외용제로만 사용해야 한다.

− 우엉 뿌리 burdock root

이뇨작용은 물론 몸을 정화시키는 특성이 있어 자주 사용된다. 우엉은 뛰어난 간 강장제이기도 하다. 또한 피부의 기름기, 벗겨짐, 염증에도 효과적이다. 우엉의 이뇨작용은 체내의 독소와 노폐물 배출을 돕는다.

- 민들레 dandelion

이뇨작용, 항염증작용은 물론 간 활성을 자극하는 효과도 좋다. 또한 다양한 비타민, 미네랄 등의 영양소를 공급해 주는 천연식품이기도 하다.

- 에키네시아 echinacea

면역력을 높여 주고 항균작용을 하는 허브이다. 에키네시아는 골든실 등의 다른 허브, 영양 보조제, 적절한 식단과 함께 병행하여 사용할 때 더욱 효과가 크다.

- 마늘 garlic

마늘은 면역계 자극, 항균, 항곰팡이 작용으로 아토피 피부염에 유용하다. 또한 염증 물질인 프로스타글란딘의 생산을 감소시키는 물질을 함유하고 있다. 작용 메커니즘이 과학적으로 명확히 밝혀지지는 않았지만 마늘과 영양효모는 종종 벼룩 구제 목적으로 사용되기도 한다. 그러나 너무 많은 양의 마늘은 동물에게 헤인츠소체 용혈성 빈혈이라는 독성 증상을 유발할 수 있으므로 삼가도록 한다. 나는 보통 하루에 체중 4.5~14킬로그램당 신선한 마늘 한 쪽을 먹인다.
마늘은 중독성으로 논란이 있으나 소량은 큰 문제가 되지 않는 것으로 알려져 있다.
- 옮긴이

- 저먼 캐모마일 german chamomile

항균작용과 상처 치유 능력이 있는 항염증성 허브로 아토피 피부염과 피부 감염이 있는 동물에게 유용하다. 캐모마일을 우려낸 물을 염증이나 감염된 피부에 국소적으로 발라 준다. 또한 알레르기성 결막염이 있는 경우에도 국소적으로 눈에 적용할 수 있다.

– 은행 Ginkgo biloba

은행잎에 들어 있는 바이오플라보노이드는 비만세포의 히스타민 분비를 억제하고 류코트리엔 등의 염증 물질의 생산을 감소시킨다. 또한 은행잎에 함유된 징코라이드ginkgolide라는 테르펜 분자는 혈소판활성인자PAF, platelet activating factor의 작용을 막는다. PAF는 체내에서 생산되는 물질로 알레르기를 유발한다. 천식 환자를 대상으로 이중맹검시험을 한 결과 징코라이드를 경구용으로 투여했을 때 호흡을 개선시키는 천식 억제 효과가 있었다. 이런 효과를 위해서는 고용량의 은행잎 추출물이 필요하다.

– 골든실 goldenseal

항균 및 항염증 효과가 있는 골든실은 벌어진 상처나 염증이 생긴 피부에 국소적으로 사용할 수 있다. 골든실로 만든 안약은 알레르기성 결막염(눈물이 많이 남)에도 효과가 있다. 그러나 골든실은 혈당을 낮추는 작용이 있어 임신한 동물이나 저혈당 상태의 동물에게 사용해서는 안 된다. 장기간 사용하는 경우 고혈압을 유발하고 간을 지나치게 자극할 수 있다.

– 감초 뿌리 licorice root

항염증작용, 항균작용, 면역력 자극 등의 효과로 잘 알려져 있다. 감초에 들어 있는 가장 대표적인 활성 성분은 글리시르레틴산glycyrrhetinic acid인데 염증성 프로스타글란딘과 류코트리엔 등을 억제하는 등 코르티코스테로이드와 유사한 작용을 한다. 감초는 경구용 혹은 국소용으로 사용할 수 있다. 감초는 코르티코스테로이드와 비슷한 작용을 하므로 장기간 사용 시 음수량과 배뇨량 증가, 부신 억제와 같은 유사한 부작용을 보일 수 있다. 또한 임신했거나 수유 중인 개에게는 사용을 피하고, 감초는 혈당을 높이므로 당뇨병이 있는 동물에게는 주의가 필요하다.

- 쐐기풀 nettle

항히스타민 작용을 하고 만성 피부 질환을 앓는 동물의 간기능을 향상시켜 준다. 사람을 대상으로 한 연구에서 알레르기성 비염 환자의 58퍼센트가 쐐기풀 사용 후 증상이 완화되었다. 식물에 알레르기가 있는 동물은 쐐기풀에 민감하게 반응하므로 사용하기 전에 반드시 수의사의 자문을 받아야 한다.

- 붉은토끼풀 red clover

강장, 이뇨, 혈액 정화 효과가 있는 붉은토끼풀은 수많은 영양소(비타민 B, C 복합체와 단백질)를 함유하고 있다. 이 영양소들이 피부 질환이 있는 동물에게 복합적으로 작용해 효과를 더욱 상승시킨다. 내복용으로 먹일 수도 있고 국소용 린스제로 사용할 수도 있다.

붉은토끼풀에 들어 있는 바이오플라보노이드는 피부암을 비롯한 동물의 암에 효과가 있다고 알려져 있다. 연구 자료는 부족하지만 바이오플라보노이드는 아토피 피부염이 있는 동물의 면역 기능도 개선한다.

붉은토끼풀은 아스피린의 활성 성분인 살리실산salicylic acid이 소량 함유되어 있으므로 임신했거나 수유 중인 개, 응고장애가 있는 동물, 에스트로겐과 관련이 있는 내분비장애가 있는 동물, 아스피린에 과민반응을 보이는 동물에게 사용해서는 안 된다.

- 옐로독 yellow dock

간 기능을 자극하고 장의 배설을 도와 노폐물 제거 작용을 하는 옐로독은 체내 독성에서 기인하는 만성 피부 질환에 효과적이다. 주로 체내의 독소나 노폐물을 신속하게 제거하기 위한 단기적 용도로 많이 사용한다. 과도한 양의 옐로독은 장경련, 구토, 설사 등을 유발할 수 있다. 임신 기간에는 사용해서는 안 된다.

동양의학의 생약요법

동양의학의 관점에서 보면 '알레르기'라는 정확한 실체는 존재하지 않는다. 대신 다양한 신체 기관의 원활한 기능을 위해 넘치거나 모자란 부분에 주목한다. 예를 들어 한방 수의사는 아토피 피부염 증세를 보이는 개에게 '풍(風)독을 완화시켜 주는' 몇 가지 약재를 처방한다. 한의학에 따르면 풍이 지나치면 가려움이 발생한다. 그러나 또 다른 개는 다른 원인으로 가려움이나 염증을 호소할 수 있으므로 이런 경우에는 치료를 위해 다른 특성의 약재를 사용해야 한다. 때로는 일반적인 서양의학의 진단이 아니라 한의학적 기준에서 진단을 내리기도 하는데 이것은 신체를 보는 관점이 다르기 때문이다. 일단 신체가 불균형한 상태라는 것을 진단하면 한방 수의사는 이를 바로잡기 위하여 몇몇 약재를 배합하여 처방할 것이다.

내가 알기로 아토피가 있는 동물에게 적용한 생약요법 치료에 관한 체계적인 연구는 아직 많지 않다. 홍역으로 가려움증을 호소하는 30명의 사람을 대상으로 한약을 처방한 연구에 따르면 7명은 현저한 증상 개선을 보였고, 15명은 중등도의 증상 개선을, 5명은 경미한 개선 효과가 있었다는 보고가 있다.

다음은 아토피 피부염에 적용 가능한 동약의학의 생약요법에 쓰이는 허브 및 처방이다.

- 당귀, 지황

몸에 활력을 주고, 풍을 소멸시킴으로써 가려움과 발진을 완화시킨다.

- 백선

항곰팡이 작용과 화(火)독을 완화시켜 주는 작용(몸의 과도한 열은 한의학적으로 불균형을 초래한다)이 있다.

- 영지, 인삼, 지황, 감초, 시호, 귀갑, 대추, 고삼

이 약재들은 합성 스테로이드와 유사한 작용을 하는 식물성 스테로이드를 함유한 것으로 흔한 처방 중 하나이다. 식물성 스테로이드는 합성 스테로이드에 비하여 효과는 약하지만 부작용은 훨씬 적다.

- 치자

해열작용, 염증과 발적 증상의 완화, 항균 효과가 있다.

- 감초

감초의 뿌리는 동양의 생약요법과 서양의 허브요법에서 모두 이용된다. 동양의 생약요법에서는 신체가 조화를 이루도록 하고, 힘줄과 근육을 튼튼하게 하는 데도 사용된다.

- 목단(모란), 우엉, 자근(지치)

혈액을 식혀 주고 정화하여 가려움을 완화시킨다. 우엉은 항균작용도 있다.

- 형개, 선퇴, 방풍

풍을 완화시키는 데 쓰인다.

- 고삼, 위령선, 지부자

축축함을 제거해 주고, 진물이 흐르는 피부를 완화시킨다.

- 백질려, 지모

가려움증과 염증을 감소시킨다.

전통 동양의학의 생약요법과 서양의 허브요법 모두 아토피가 있는 동물을 치료하는 데 도움이 될 수 있다. <u>동물의 치료에 적합한 허브의 종류와 배합을 찾아내는 것이 매우 중요하다.</u> 굳이 허브요법을 사용하지 않아도 동물은 다른 치료법으로도 효과가 나타나지만 반려인이 허브요법을 원하기도 하고, 다른 치료법으로 효과를 보지 못한 경우

> ### ❖ 허브요법
>
> 허브 제품은 대부분 분말, 캡슐, 팅크(액체가 들어 있는 스포이드형) 형태로 판매된다. 사람용으로 판매되는 제품 중 대다수는 동물에 사용할 수 있는데 불행히도 대부분의 허브는 동물에게 사용 시 적정 용량이 알려져 있지 않다. 때문에 사람을 대상으로 한 임상 적용 자료를 바탕으로 외삽법을 적용해 나갈 수밖에 없다. 다음은 허브요법을 시작할 때 기억해야 할 지침이다.
>
> ▶ **서양 허브요법**
>   체중 11.3킬로그램당 1,500밀리그램 캡슐 하나. 하루에 2~3번
>   체중 11.3킬로그램당 0.5~1.5티스푼의 분말. 하루에 2~3번
>   체중 4.5킬로그램당 5~10방울. 하루 2~3번
>
> ▶ **동양 생약요법**
>   체중 9킬로그램당 1그램의 농축 허브. 하루 2~3번
>   체중 9킬로그램당 4그램의 신선한 허브. 하루 2~3번

에도 허브요법을 적용해 볼 수 있다.

침술요법

침술은 아토피가 있는 개의 치료에 효과가 있다. 침술요법은 아토피 증상 자체를 치료하고 동시에 면역계를 자극한다. 특히 알레르기가 있는 동물에서의 전침요법electroacupuncture(보다 집중적인 치료 효과를 위해 경혈에 약한 전기 자극을 주는 방법)은 전통적인 침술에 비하여 세포 수준에서의 항염증 효과가 크다. 알레르기 반응은 알레르기 유발물질이 피부

의 비만세포에 있는 항체와 반응하여 나타나는데 비만세포가 '터지면서' 다양한 화학물질이 방출된다는 점을 기억하자. 침술은 이런 화학물질의 작용을 막는다. 예를 들어 침술요법은 비만세포로부터 히스타민이 방출되어 혈관을 확장시키는 것을 억제하는데 혈행이 감소하면 알레르기가 있는 동물의 염증과 가려움증도 감소한다.

나는 만성 피부 감염으로 고생하는 3살 암컷 복서 브로닌을 진료했던 적이 있다. 브로닌이 이전에 다니던 병원에서는 아토피 피부염 같다고 했는데 감염 부위는 목과 유선 부분에 집중되어 있었다. 나는 피부생검, 피부배양을 지시하고 피부검사를 하는 동안 그 지역의 특이한 알레르기 유발물질에 대해서 물어보았다. 검사 결과는 아토피 피부염에 의한 속발성 피부 감염이었다. 브로닌은 항생제 치료에 반응이 좋은 편이었지만, 항생제 투여가 끝나면 금세 다시 재발하곤 했다. 항원주사와 영양보조요법을 실시했으나 항생제 치료만큼 큰 효과를 보지 못했다. 피부 감염 치료를 위한 항생제요법은 비용이 부담스럽기도 했지만 장기간 사용에 따른 부작용도 무시할 수 없었다.

치료 비용과 개에게 해로울지도 모른다는 반려인의 우려에 따라 브로닌에게 면역체계를 자극하는 침술요법을 시행해 보기로 결정했다. 나는 면역계를 자극하는 경혈을 선정했는데(물론 아토피 피부염에 효과 있는 경혈도 선택했다), 이런 경혈로는 곡지, 족삼리, 삼음교, 혈해, 대추 등이 있다. 4회에 걸친 침술요법 후 브로닌의 피부는 정상적으로 회복되었다(일주일에 2회, 15분씩 치료). 브로닌은 필요할 경우 1~3주에 한 번 침술요법을 받고 있으며, 이제는 피부 감염에서 완전히 벗어났다. 물론 더 이상 몇 개월씩 계속해서 항생제를 먹을 필요도 없어졌다.

침술의 이해

전통적인 침술에 따르면 한의사는 동물의 몸에 있는 다양한 경혈에 미세한 바늘을 거의 통증 없이 삽입한다. 침은 보통 얕게 삽입되며 출혈이 생기지 않는다. 경혈은 신경과 혈관을 포함한 신체의 각 부위와 통한다. 이런 혈위를 자극함으로써 체내의 다양한 화학물질이 분비된다고 한방 수의사들은 말한다. 이런 화학물질은 통증을 제어하고, 면역계를 자극하며, 혈행을 변화시킴으로써 임상 증상을 감소시킨다.

침술과 유사한 형태로는 레이저요법(레이저를 이용해 선택된 경혈을 자극하는 방법), 약침요법(보다 오랫동안 효과가 작용할 수 있도록 소량의 약물을 경혈에 주사하는 방법), 전침요법 등이 있다.

침술요법은 주류 수의학의 치료법과 비교되는 경우가 많다. 일반적인 치료법으로 효과를 보지 못한 경우나 스테로이드 같은 장기간의 약물 투여로 인한 부작용이 우려되는 경우처럼 주류 수의학에서 치료에 실패한 경우도 침술요법을 통해 효과를 보는 경우가 많다. 알레르기는 수술과는 관계가 없지만 침술요법은 척추 추간판 질환이나 고관절 질환이 있는 동물이 수술을 하지 않고 치료할 수 있는 방법이기도 하다. 여기에 대해서는 홀리스틱 수의사와 상의하기 바란다.

침술에 의한 부작용은 거의 없다. 실수로 장기를 찌르거나 침을 삽입한 부위에서 감염이 일어날 수 있고, 바늘이 부러져서 제거하기 위해 수술을 해야 하는 경우가 있을 수 있지만 극히 드문 경우이다. 일부 증상이 개선되기 전에 상태가 더 나빠져 보일 수도 있다. 이를 명현반응 healing crisis이라고 하는데 이는 체내에서 독소가 제거되는 과정이다.

많은 반려인은 침술요법이 반려동물에게 통증을 줄까 봐 걱정한다.

그러나 침술요법은 일반적으로 통증이 심하지 않다. 침이 아주 얕게 삽입된다는 것을 기억하자. 가끔 침이 피부를 뚫고 들어갈 때 동물들이 약간의 통증을 느끼는데 일단 침이 자리를 잡고 나면 통증이 대부분 사라진다. 대다수의 동물은 편안히 침을 맞고 심지어 잠이 드는 경우도 있다. 물론 예민하고 까다로운 동물의 경우 치료를 위해 가벼운 진정 처치가 필요할 수 있다.

침술의 이용

침술요법은 물론 어떤 치료법이든 시작하기 전에 적절한 진단이 이뤄져야 한다. 오직 수의사만이 올바른 진단을 내리고 치료를 위한 효과적인 처방을 내릴 수 있다. 침술요법은 반드시 경험이 풍부한 수의사가 시술해야 한다는 점을 잊어서는 안 된다.

    침술요법으로 치료하면서 나는 놀라운 경험을 많이 했다. 이전에 침술요법을 받았다는 많은 동물들이 실제로는 전혀 엉뚱한 질병을 가지고 있었다. 동물 중 몇몇은 잘못된 진단으로 엉뚱한 치료를 받아 문제가 더 심해지기도 했다. 비록 치료가 불가능할 정도로 심각한 상태라고 해도 정확한 진단은 동물의 남은 생을 위해 매우 중요하다. 치료 효과를 높이기 위해 수의사는 반드시 동물의 몸에서 지금 어떤 일이 일어나고 있는지 알아야 한다.

    많은 반려인은 내가 이 점을 강조할 때 놀란다. 반려인은 내가 아무말 없이 침을 들고 치료를 시작하길 바라는 것이다. 하지만 어디에 침을 놓아야 할까? 정확한 원인도 모르는 상태에서 침술요법이 도움이 될까? 정확한 진단 없이는 이런 질문에도 답을 할 수 없다.

동물의 상태에 따라 다양한 침술요법을 적용할 수 있다. 나는 보통 2~3주에 걸쳐 8번 정도 치료를 한 후에 침술요법이 동물에게 효과가 있는지 판단할 것을 권한다. 평균적으로 시술은 15~30분 정도 소요되며, 약침요법이나 전침요법의 경우 5~10분 정도 소요된다. 동물의 상태가 개선된 이후에는 상태에 따라 필요한 경우에 침술요법을 한다.

<u>아토피 피부염이 있는 개의 치료에 사용되는 경혈들은 면역계를 자극하고 가려움증과 염증을 완화시켜 주는 혈자리이다.</u> 또 다른 치료 접근법으로 수의사는 동양의학적 관점에서 동물의 상태에 따른 치료를 행할 수도 있다. 예를 들어 피부에 풍열이나 습열이 생겨 아토피가 발생한 것일 수도 있다. 그러면 수의사는 진단에 따른 적절한 경혈을 선택해 치료해야 한다.

동종요법

1790년대 사무엘 하네만Samuel Hahnemann 박사에 의해 발전된 동종요법 Homeopathy은 "같은 것으로 같은 것을 치료한다."는 이론에 바탕을 두고 있다. 일반적인 의학의 약물은 증상을 완화시키거나 몸이 질병을 치료하도록 해 준다. 그러나 동종요법은 희석한 용액의 에너지를 통해 몸이 치유될 수 있도록 도와준다.

동종요법은 질병을 유발하는 원인체와 동일한 물질을 약하게 희석하여 사용하면 그 질병을 치료할 수 있다는 생각에 기초하고 있다. 또한 동종요법에 사용되는 물질을 희석하면 희석할수록 치료에 더욱 효과적으로 작용한다.

동종요법에 대해 처음 이야기를 듣는 사람이라면 아마도 매우 이상하게 들릴 것이다. 주류 수의학을 공부하고 수련한 수의사인 나 역시 이 개념을 처음 들었을 때는 매우 의아했다. 동종요법에 쓰는 물질 중에는 종종 원래의 성분을 전혀 찾아볼 수 없는 것도 있다. 그래서 동물에게 원래의 성분을 운반하는 물과 알코올만 투여한다는 것처럼 들릴 수도 있다. 물이나 알코올을 마시는 것이 치료에 도움이 되지 않을 것임을 사람들은 잘 안다.

그러나 신기한 것은 실제로 많은 증례에서 환자의 상태가 좋아진다는 점이다. <u>모든 동물에서 100퍼센트 효과를 보이는 것은 아니지만 동종요법은 분명히 효과가 있다.</u> 비록 수차례에 걸친 희석 과정을 통해 원래 물질은 사라졌을지 모르지만 그런 과정을 통해서 그 물질이 방출한 에너지는 희석액 속에 남아 동물의 치료에 도움을 주기 때문이다.

동종요법 회의론자들은 아마도 위약효과placebo effect(약에 대하여 환자들이 효과가 있다고 믿는 심리적, 신체·생리적 효과)를 지적할 것이다. 물론 때때로 위약효과가 강력한 힘을 발휘하기도 한다. 누군가 낫고 싶다고 갈망하고 치료가 효과적이길 바란다면 그렇게 되는 데 도움이 될 수 있다. 그러나 동물에게는 위약효과가 거의 일어나지 않는다. 우리는 동물에게 지금 받고 있는 동종요법이 가려움증을 멈추게 해 줄 것이라고, 긁지 않아도 될 것이라고 이야기해 줄 수 없기 때문이다! 물론 치료는 성공할 수도 실패할 수도 있다.

처음 동종요법을 시작할 때는 열린 마음으로 치료에 대한 믿음을 가지는 것이 도움이 된다. 반려인은 종종 동종요법을 기괴하고 억지스러운 것으로 생각하여 최후의 수단으로만 고려한다. 약물 부작용이 발생하거나 다른 모든 방법을 해본 뒤에야 동종요법 시술을 허락하는 것이다. 이는 충분히 이해할 수 있다. 나 역시 예전에는 그랬다. 처음 동종요법에 대해 공부할 때 난 동종요법을 엉터리 이론이라고 생각했다. 과학적 측면에서 전혀 말이 되지 않았으니 말이다. 그러나 몇 차례에 걸쳐 시험해 보고 인상적인 결과를 얻으면서 대체 수의학 혹은 보완적 치료법으로서의 동종요법에 대한 확신이 생겼다.

동종요법의 장점 중 하나는 부작용이 거의 없다는 것이다. 보통 원료물질을 해롭지 않을 만큼 충분히 희석하여 사용하기 때문이다.

동종요법의 효과

내게 동물을 데려오는 많은 반려인은 자신이 동종요법을 통해 좋은 효과를 보았다며 자신의 동물에게도 효과적일 것이라고 말한다. 물론 나는 동종요법으로 효과를 본 많은 동물을 보아 왔다. 그러나 어떤 치료법이든 효과가 없는 경우가 있다. 또한 나는 1~2개의 동종요법 약물로만 치료하는 '순수한 동종요법'은 잘 하지 않는다. 동종요법이 필요한 동물은 대부분 만성이고 심각한 상태이기 때문에 나는 동종요법에 더하여 많은 치료법을 병행한다. 때문에 동물의 상태가 나아져도 어떤 치료법이 효과를 나타냈는지 딱 꼬집어 말하기가 곤란하다. 내 경험상 여러 치료법을 병행하여 사용했을 때 동종요법의 효과도 더 극대화되는 것 같다.

몇몇 연구에 따르면 위약효과와 동종요법을 비교한 실험에서 동종요법이 환자에게 긍정적인 효과를 나타냈다고 한다.

의사인 이사도어 로젠필드 박사는 《닥터 로젠필드의 대체의학 가이드》에서 의학 저널 《랜싯(The Lancet)》에 발표된 연구 보고서를 인용하고 있는데 이 연구에 따르면 위약으로 실험한 천식 환자군과 비교해서 동종요법을 적용한 천식 환자가 30~40퍼센트 더 호흡이 개선되었다. 또 다른 이중맹검검사에서도 동종요법을 적용한 건초열 환자가 위약으로 실험한 환자군에 비해 절반 수준 용량의 항히스타민제로 관리가 가능했다. 물론 이 책에 인용된 또 다른 연구를 보면 동종요법을 적용한 환자군과 위약으로 실험한 환자군 사이에 큰 차이가 없는 경우도 있다.

로젠필드 박사의 결론은 동종요법은 분명 어떤 환자에게는 도움이 될 수 있다는 것이다. 나도 이 말에 동의한다. 또한 알레르기가 있는 개의 치료에 동종요법이 효과가 있음을 증명하려면 더 많은 연구가 필요하다.

동종요법의 이용

많은 동종요법 제품은 처방이 필요 없는 일반 의약품이라 누구나 쉽게 구입할 수 있다. 따라서 수의사를 찾지 않고 바로 동종요법을 적용해 보고 싶은 충동이 생길 수도 있다. 하지만 어떤 동종요법이든 그것을 적용하기 전에 반드시 홀리스틱 수의사를 만나 정확한 진단을 받고 조언을 구해야 한다. 모든 동물에게 항상 적용할 수 있는 공식 같은 치료법은 없다. 진찰, 병력 청취, 임상병리검사 등을 통해 동물에게 적합한 동종요법을 찾아내야 한다.

나는 빠른 시일 내에 정확한 진단을 받을 것을 권한다. 또 일반 의약품 등급의 동종요법 제품은 조금 가려워하거나 재채기를 하는 정도의 가벼운 증상에만 사용해야 한다. 그런 가벼운 증상에 2~3일 동안 적용해도 증상이 개선되지 않는다면 동물의 상태를 정확히 평가하기 위해 동물병원을 찾는다.

많은 동종요법 제품은 단독 물질보다는 두 가지 이상의 복합 성분 형태이다. 전통적인 동종요법은 동물의 체질과 증상에 가장 적합한 한두 가지 약물을 찾아낸다.

이런 제품은 동물의 치료에 도움이 될 수 있는 수준에서 최소한으로 희석한 것이다. 부작용이 없고, 보다 강력한 효과를 나타내는 처방은 수의사를 통해서만 얻을 수 있다.

가장 중요한 점은 가려움증을 호소하는 모든 동물이 알레르기 때문이 아니라는 점이다. 적절한 의학적 도움을 받는 데 실패하고 자가요법만 시도하다가 치료 시기를 놓치고 상태가 더 심각해지는 경우가 많다. 그러므로 반드시 수의사의 감독하에 사용해야 한다.

나는 동종요법의 효과를 믿지만 질병의 치료를 위해 적절한 식이요법과 영양보조요법도 병행한다.

아토피가 있는 개에게 도움이 되는 동종요법으로는 다음과 같은 것이 있다.

- 아르세니쿰 알붐 *Arsenicum album*

이 유명한 동종요법 약물은 피부가 건조하고 각질이 있고, 털이 거칠고 건조한 동물에 사용된다.

- 안티모니움 크루둠 *Antimonium crudum*

주로 등, 목, 사지에 피부 병변이 두드러지게 나타날 때 추천된다. 이런 병변은 보통 노란 분비물이 스며나오는 붉은 발진으로 시작하여 딱지가 앉는다.

– 코르티손 cortisone

전통적인 코르티코스테로이드로 동종요법에서 쓰는 코르티손은 가려움증과 염증이 있을 때 사용할 수 있다. 일반적인 스테로이드와 달리 동종요법 코르티손은 부작용이 없다.

– 헤파르 술푸리스 hepar sulphuris

고름과 관련된 모든 상태에 사용할 수 있는 처방으로 2차 세균 감염으로 인해 발생한 피부 질환에 생긴 농포에 효과적이다.

– 히페리쿰 *Hypericum*

주로 신경손상 시 추천되는데 태양광에 노출되면 더욱 악화되는 알레르기나 피부 질환에 유용한다.

– 리코포디움 *Lycopodium*

탈모와 관련한 피부 상태에 사용하는 약물이다. 아직 모공이 영구 손상되지 않고, 질병이 더 이상 진행되지 않고 있는 경우 수의사는 털의 성장을 자극하기 위하여 이 약물을 처방한다.

– 루스 톡시코덴드론 *Rhus toxicodendron*

일반적으로 다양한 상태에 사용하는 유용한 약물이다. 습기에 의해 악화되는 피부 증상, 움직일 때 뻣뻣한 모습을 보이다가 몇 분 후면 나아 보이는 증상 등에 도움이 된다. 또한 피부의 발적이나 가려움증, 뾰루지와 농포가 생기는 피부에도 처방된다.

– 스타필로코키눔 *Staphylococcinum*

동물의 피부 질환에서 가장 흔한 세균을 이용한 동종요법의 세균성 노소드nosode이다(동종요법에서는 '백신'에 해당). 이 약물은 2차 세균 감염이 있는 동물에게 다른 동종요법 약물과 함께 사용하기도 하며, 가벼운 피부 감염 시 시험적으로 항생제 사용 전에 혹은 항생제와 동시에 사용하기도 한다.

– 유황 sulphur

아토피 피부염을 포함한 동물의 피부 질환에 가장 흔하게 사용되는 약물이다. 열감이나 발적이 있고 가려운 피부 치료에 사용된다. 또한 2차 감염이나 벼룩에 물린 상처에도 사용되며, 발진이나 농포가 있는 경우에도 사용된다. 많은 동종요법 수의사들은 다른 특이적 처방과 함께 유황을 사용함으로써 효과를 강화한다.

– 투자 *Thuja*

피부 질환용으로만 사용되는 것이 아니라 반복적이고 불필요한 백신 접종에 의한 면역계 손상에 대한 '해독제'로도 종종 추천된다. 많은 홀리스틱 수의사가 백신 접종에 대해서 염려하는데 이런 약물의 처방을 이용해 피부와 다른 이상에 대한 백신의 부작용을 감소시킬 수 있을 것이다.

어떤 보완적 치료법이든 주류 의학적 치료법이든 치료에 성공을 거두려면 반려견을 건강한 상태로 만들어 놓아야 한다. 이것은 적합한 식이 관리로만 가능하다. 7장에서는 알레르기가 있는 개를 위한 특별 식단은 물론 일반적으로 추천되는 건강한 식단에 대해 다룰 것이다.

6장 복습하기

- 허브요법(서양 허브요법과 동양의학의 생약요법)은 알레르기가 있는 동물에게 효과적이다.
- 개에게 내복약 혹은 린스나 국소 도포용 같은 외용제로 허브를 사용할 수 있다.
- 침술요법과 동종요법은 아토피 피부염의 치료를 위해 추가할 수 있는 치료법이다.

CHAPTER

7

피부병을
예방하는
건강한 식단

반려견의 건강관리를 위해 할 수 있는 것 가운데 가장 중요한 것은 음식이다. 그러므로 반려견이 적어도 하루에 한 번 이상 먹는 밥을 책임지는 반려인은 막중한 책임감을 가져야 한다.

음식은 직접적으로 알레르기 피부염처럼 동물에게 생길 수 있는 질병에 영향을 미치므로 나는 동물의 식이요법에 관한 글을 읽는데 많은 시간을 투자한다. 이 장에서는 개의 영양학에 관한 기본적인 내용을 서술한 뒤에 반려견을 위한 가장 천연적이고 건강한 음식에 대해서 이야기할 것이다. 마지막으로 반려견의 건강을 향상시킬 수 있도록 음식을 바꾸는 데 필요한 몇 가지 특별한 조언도 담는다.

시작하기에 앞서 중요한 질문 몇 가지를 먼저 던지니 고민해 보기 바란다.

- 개에게 천연 영양 보조제와 함께 건강한 음식을 먹이고 있습니까?
- 애완 용품점이나 마트에서 파는 사료를 아무거나 사 먹입니까?
- 시장에 나와 있는 다양한 사료 간의 차이를 알고 있습니까?
- 프리미엄 사료는 정말 그 가격만큼의 값어치가 있습니까?

음식이 아토피 피부염이 있는 개에게 어떤 영향을 미치는지를 이해하는 것이 가장 중요하다. 일반 수의사, 반려인은 대부분 음식이 동물의 건강에 미치는 영향을 무시하고 지나치지만 홀리스틱 수의사와 홀리스틱 마인드를 가진 반려인은 적절한 음식과 영양 공급이 아토피 피부염을 가진 개에게 얼마나 효과가 있는지 잘 알고 있다. 실제로 적절한 식이 관리는 모든 건강 관리 계획의 기본이다.

개를 위한 최고의 식단이란?

개를 위한 '최고의' 또는 가장 적합한 식단은 무엇인가 하는 점은 매우 의견이 분분하고 수의사마다 생각이 다르다. 많은 반려인과 수의사가 이런 질문을 받았을 때 의견을 강하게 피력하곤 하는데 종종 객관적인 의학적 사실보다 주관적 감정에 바탕을 둔 경우가 많다.

나는 이 문제에 관해서는 반려인의 생각을 우선 묻고 싶다. 가장 홀리스틱한 조건을 선택함에 있어서 열린 마음을 유지하는 것은 매우 중요하다. 만약 반려인이 다양한 식이요법에 대해 공부했다면 자신의 환경을 기초로 자신만의 방법을 제안할 수 있을 것이다.

반려인은 자신의 개에게 주는 음식의 일반적인 품질과 특별한 영양 성분, 또 일일 급여량에 대해 잘 알고 있어야 한다. 물론 모든 애견 식품이 똑같지는 않다. 어떤 사료를 선택할지는 가공 제품인지 천연 제품인지 음식의 형태가 기준이 될 수도 있다. 순수 천연 형태의 사료는 팩으로 포장되어 있거나 홈메이드 제품이다. 만약 많은 홀리스틱 반려인이 하듯이 직접 음식을 만들어 준다면 날것으로 먹일 것인지 조리를 해서 먹일 것인지도 결정해야 한다.

반려인이 어떤 음식을 선택하든 다음의 다섯 가지 조건은 모두 충족해야 한다.

1. 개에게 필요한 적당한 양의 균형 잡힌 필수 영양소를 함유하고 있어야 한다.
2. 개가 영양소를 효과적으로 소화, 흡수, 활용할 수 있는 양질의 성분이어야 한다.
3. 맛이 좋아서 개가 맛있게 먹을 수 있어야 한다.
4. 동식물 부산물과 같은 '충전재filler(양을 채우기 위해 들어가는 불필요한 성분)'가 들어 있지 않아야 한다. 아픈 개를 위한 처방식처럼 부산물이 불가피하게 들어가는 경우라도 최소한의 부산물만 함유해야 한다.
5. 가능하다면 착색제, 감미료, 보존제 등의 인공 첨가물이 들어 있지 않아야 한다.

상업용 사료

상업용 사료는 약 60~70년의 역사를 가지고 있다. 상업용 사료가 나오기 전에 개들은 사람이 먹는 음식이나 먹고 남긴 음식을 먹었다. 홀리스틱 사고를 가진 반려인과 함께 사는 요즘 개들은 그때에 비하면 더 좋은 음식을 먹는다고 할 수 있다.

아토피 피부염은 상업용 사료를 먹여서 생기는 질병이기 때문에 천연식품을 먹이면 알레르기에 걸리지 않는다고 주장하는 말을 종종 듣는다. 좋은 음식을 먹으면서도 알레르기로 고생하는 경우를 많이 봤기 때문에 전적으로 동의하지는 않지만 더 좋은 음식을 먹인다면 알레르기와 같은 질병이 지금보다는 훨씬 감소할 것이라는 의견에는 동의한다.

사료 제조업체들은 반려인의 편의를 위해 상업용 사료를 개발해 왔다. <u>동물을 위한 식사 준비 시간을 절약할 수 있도록 만들어진 상업용 사료는 실제로 반려견에게 간편하고 손쉽게 식사를 제공할 수 있게 해 주었다.</u> 반려견을 위해서 제대로 된 식사를 만드는 것에 적잖은 시간이 필요하다는 점은 누구나 공감할 것이다. 이에 비하면 식사 시간에 맞춰 캔 뚜껑을 따거나 봉지에서 사료를 한 줌 퍼주는 일은 훨씬 빠르고 편리하다.

또한 사료업체들은 개에게 필요한 영양을 제대로 먹이고 있는지 우려하는 반려인의 걱정도 덜어 주었다. 사람들이 남은 음식을 주는 것으로는 완전하고 균형 잡힌 영양을 공급할 수 없기 때문이다.

영양학에 대한 과학적인 이해에 앞서서 사람과 동물 모두 음식 불균형 때문에 질병이 발생할 수 있다는 사실을 알아야 한다. 예를 들어 과일이나 채소를 먹지 못한 사람은 비타민 C 결핍으로 인해 괴혈병에 걸린다. 고기만 먹고 자란 동물은 칼슘 결핍으로 인해 골이영양증(영양장애로 인한 속발성 부갑상선기능항진증)에 걸리기도 한다. 생선만 먹고 사는 고양이도 티아민결핍증 및 체내 지방의 염증으로 인한 황색지방간증에 걸릴 수 있다.

이런 문제들을 피하려면 동물의 영양학적 요구량과 균형 잡힌 식단에 대해 알아야 한다. 물론 상업용 사료 덕분에 이전에 있었던 많은 영양학적 질환이 사라지기는 했지만 영양가가 낮은 저급사료와 부산물, 인공 첨가물이 들어간 상업용 사료가 새로운 문제를 일으킬 수 있음을 알아야 한다.

나는 사료를 가장 싼 일반사료, 조금 더 비싼 프리미엄 사료, 가장 비싼 천연사료로 분류한다.

일반사료는 가장 저렴한 대신에 동물의 건강에는 가장 나쁘다. 사료 업체들은 가능한 한 값싼 원료를 사용하는데 보통 이런 제품은 동식물 부산물과 같은 원료가 들어 있다. 보존제와 첨가제도 많이 들어 있는 경우가 많다. 제품 포장을 잘 읽어보면 이런 제품이 얼마나 동물의 건강에 나쁘게 작용하는지 알 수 있을 것이다. 그러므로 일반사료는 대부분 개발 과정에서 실제 개에게 시험적으로 급여하는 대신 임의로 설정한 영양 '기준'을 적용하는 경우가 많다. 그러므로 일반 저급 사료는 영양결핍과 같은 건강상의 문제가 발생할 수 있으므로 먹이지 않는 것이 좋다.

프리미엄 사료는 애완 용품점이나 동물병원에서 찾아볼 수 있다. 이 사료는 보통 일반사료보다는 양질의 원료를 사용하지만 반드시 사료성분표를 잘 읽어봐야 한다. 많은 제품이 살충제를 뿌린 식물이나 호르몬제나 각종 화학물질을 가득 먹여서 키운 동물로 만든 것이다. 몇몇 프리미엄 사료는 적절한 영양 보조제와 함께 급여할 경우 영양 요구량을 어느 정도 만족시킬 수 있으나 나는 가능하면 프리미엄 사료를 추천하지는 않는다. 경제적으로 능력이 된다면 천연 제품을 추천한다. 성분분석표를 꼼꼼하게 읽어본다면 어떤 제품이 적합한지 그렇지 않은지 알 수 있을 것이다.

❖ 사료성분표를 읽어라

사료를 구입할 때 포장지에 적힌 사료성분표를 읽고 이해하는 것은 매우 중요하다. 이 내용을 통해 동급 사료 간의 차이를 구분하고 그들이 나열한 성분에 대한 중요한 정보를 얻을 수 있기 때문이다. 많은 반려인이 내게 자신이 구입한 제품의 포장지에는 영양학적으로 완벽하다고 쓰여 있으므로 좋은 제품일 것이라고 말한다. 그러나 이것이 항상 옳은 것은 아니다. 사료 포장지의 사료성분표를 읽고 이해하는 데 도움이 될 만한 몇 가지 사항은 다음과 같다.

1 주원료(ingredient list)
원료는 보통 함량이 높은 것부터 낮은 순으로 기재된다. 첫 번째로 표시되는 원료가 가장 많은 양이 들어간 것이다. 주원료의 첫 두세 가지 원료는 고기 성분의 단백질원이어야 한다.

2 등록 성분(guaranteed analysis)
사료에 들어 있는 영양소의 최소 함유량을 말한다. '단백질 5퍼센트 이상(minimum level of 5 percent protein)'이라는 것은 단백질이 적어도 5퍼센트 이상 들어 있다는 말이다(5퍼센트보다 훨씬 더 많이 들어 있을 수도 있다). 하지만 이것이 단백질 원료의 품질을 보장하지는 않는다. 예를 들어서 닭의 깃털은 5퍼센트 이상의 단백질을 함유하고 있다. 그러나 이것을 단백질원으로 사용할 경우 개는 이 단백질원으로부터 단백질을 거의 얻을 수 없다.

3 소화흡수율(digestibility)

닭, 오리 등의 가금류는 동물 사료에서 흔히 사용되는 단백질원인데 소화흡수율은 낮은 것부터 높은 것까지 다양하다. 평판 좋은 업체는 소화흡수율이 좋은 양질의 원료를 사용하므로 이는 사료 가격에 반영된다. 그러므로 소화흡수율이 낮은 싸구려 저급사료는 가급적 피하도록 한다.

4 영양 권장량(nutritional adequacy)

많은 제품이 'AAFCO(미국사료협회)의 영양기준에 적합한 제품'이라고 선전하지만 불행히도 이 말은 수학적인 최소기준을 만족한다는 뜻이다. 반려견은 그 사료에 들어 있는 내용물을 전혀 소화, 흡수하지 못할 수도 있다. 기호성이나 소화력에 대한 실험이 이뤄지지 않았고, 실제 급여 시 성장장애나 영양결핍이 일어나지 않는지 역시 실험되지 않았기 때문이다.

그러므로 "AAFCO 절차에 따라 구현된 동물 급여 실험을 거쳐 완벽하고 균형 잡힌 영양을 공급합니다."라는 문구는 그 사료를 일정 기간 동물에게 급여했을 때 특별한 영양학적 이상이 발견되지 않았다는 것 정도를 의미한다. 실제로 더 좋은 비싼 사료를 많은 비용을 들여 급여 실험을 거친 후에도 같은 문구가 들어간다.

이 경우에도 사료성분표를 꼼꼼히 잘 읽어야 한다. 급여 실험을 통과했다고 각종 화합물, 첨가제, 충전재가 들어가지 않았다는 뜻은 아니다. 게다가 급여 실험을 거치지 않은 양질의 천연사료도 많다. 그러므로 어떤 사료가 반려인에게 가장 적합한지는 수의사와 상의해야 한다.

최근에는 동물병원이나 애견숍이 아니라 인터넷을 통해서만 유통되는 사료의 종류도 매우 많아져서 구체적인 시장 검증을 거치지 않은 제품이 많다. 실제 유기농을 강조하는 사료 중 일부는 일반사료보다 저급의 성분을 사용한 경우도 많으며, 외국의 저급 제품이 국내에서는 고급 사료로 둔갑해서 팔리는 경우도 있으므로 사료를 구입하기 전에 보다 많은 정보와 관심을 가져야 한다. -옮긴이 물론 사료 선택에서 문제는 언제나 가격이다. 사료 가격은 종종 사료 품질을 나타내는 좋은 척도가 되기도 한다. 저급사료를 생산하는 업체가 좋은 품질의 단백질 원료와 곡물을 사용하여 저렴한 사료를 판매하는 것은 불가능하다. 그랬다가는 원료 구입비가 판매가보다 훨씬 높기 때문이다.

천연사료

천연사료는 가장 고급형 제품으로 인공색소, 감미료 등이 들어 있지 않고, 화학 보존제 대신 천연 보존제를 사용한다. 부산물 대신에 보다 고가의 원료를 사용한다. 브랜드에 따라 차이가 있지만 이런 사료에 사용되는 동물과 식물 성분은 호르몬제나 농약 없이 유기농법으로 키워진 것들이 많다. 이런 품질 덕분에 반려인이 직접 집에서 음식을 만들어 주지 못할 상황이라면 천연사료는 최선의 선택이 될 것이다. 물론 천연사료 또한 가공된 사료의 하나라고 말하는 사람들도 있다. 최근에는 너도나도 검증 없이 천연사료라고 주장하는 제품이 많아 반드시 수의사의 자문을 구해야 한다.

천연사료는 보통 양질의 성분을 사용하기 때문에 가격이 비싼 편이다. 비싼 만큼 반드시 효과를 얻을 수 있다. 개인적으로 질병의 발생을 막고 병원비를 줄여 주는 건강상의 이점만으로도 사료비 지출의 증가분은 충분히 보상될 수 있다고 생각된다. 천연사료는 다음과 같은 점에서 다른 사료와 차별된다.

- 천연사료는 사람들이 먹는 것과 같은 등급의 고급 원료를 사용한다. 일

반사료는 상대적으로 사람용 식품을 만들고 남은 부산물을 사용할 가능성이 높다. 부산물 중에서도 사람에게 '부적합' 판정을 받은 것들은 더욱 품질이 낮을 것이다.
- 천연사료는 특히 곡물의 경우 일부 성분이 아니라 식품 전체를 사용한다. 예를 들어 쌀가루보다는 쌀을 사용한다.
- 천연사료는 인공색소, 감미료, 첨가제, 조미료, 보존제 등을 사용하지 않는다.
- 천연사료는 최적의 영양 공급을 위해 만들어진다.

사료에는 무엇이 들어 있을까?

이 부분의 내용은 동물보호협회Animal Protection Institute의 홈페이지나 www.api4animal.com의 정보를 허락을 얻어서 재구성하여 싣는다.

소비자들은 대부분 동물사료산업이 사람들을 상대로 하는 식품산업의 연장선상에 있음을 알지 못한다. 동물 사료는 '사람용 식품으로 사용하기 적합하지 않은' 부산물과 곡물을 사용하는데 소의 혀, 식도, 때로는 병든 고기가 포함되는 경우도 있다.

정미하지 않은 '통곡물whole grain'을 사용했다는 문구도 자세히 살펴보면 식물성 오일을 추출하고 남은 찌꺼기 또는 도정 과정에서 나온 곡물 껍데기나 찌꺼기이다. 이런 식품은 곰팡이 감염, 오염물, 열악한 저장 환경 등을 이유로 사람의 먹을거리로는 탈락한 것들이다.

주변에서 찾아볼 수 있는 사료의 종류는 그 수도 많고 매우 다양하다. 많은 사료업체들이 위와 같은 원료를 사용하고 있기는 하지만 그렇다고 모든 업체가 저급한 원료나 잠재적으로 위험성이 있는 원료를 사용하는 것은 아니다. 천연사료나 홀리스틱 사료를 생산하는 몇몇 업체는 보다 신선하고 사람이 먹는 식품 수준의 원료를 사용하여 동물의 건강을 지키기 위해 부단히 노력하고 있다.

일반적으로 사료 포장의 사료성분표를 보면 좋은 원료와 나쁜 원료가 함께 들어 있다. 다음은 사료에 들어가 있는 각 성분에 대한 설명이다. 각 원료가 어디에서 왔는지 반려인은 반드시 알고 있어야 한다.

– 단백질 protein

가공식품의 단백질은 다양한 원료에서 얻는다. 닭고기, 닭고기가루, 닭 부산물 등 소비자가 읽을 때 차이를 구분하는데 큰 혼란을 느끼는 경우가 많다. 다음은 AAFCO에서 내린 정의이다.

- 닭고기chicken : 깃털, 머리, 발, 내장을 제외한 신선한 살코기와 피부(뼈는 포함되거나 포함되지 않을 수도 있음).
- 닭고기가루chicken meal : 깃털, 머리, 발, 내장을 제외한 살코기와 피부만을 골라낸 것(뼈는 포함되거나 포함되지 않을 수도 있음)을 건조 정제한 것.
- 닭(가금류) 부산물chicken(poultry) by-product meal : 깃털을 제외한 목, 발, 미성숙란, 내장 등을 포함한 원료를 갈아서 정제한 것.

– 부산물 by-product

동물이 도축되면 부위별로 잘라져 뼈에서 고기를 발라낸다. 고기를 발라내고 남은 뼈, 피, 고름, 내장, 인대 등 대부분 사람들이 먹지 않는 것이 사료에 사용된다. 이런 원료는 사료의 표시 사항에는 자세한 설명

없이 고기 부산물meat by-product, 가금류 부산물poultry by-product, 생선 부산물fish by-product 등으로 표기된다. 부산물의 상당수는 소화가 잘 안 되고 영양적으로도 열악하다. 이런 원료의 영양가는 부산물 수거통에 무엇이 들었느냐에 따라 그때그때 달라질 것이다.

일부 홀리스틱 수의사는 이 같은 도축장의 찌꺼기를 먹이는 것이 암과 퇴행성 질환의 발병 가능성을 높인다고 주장한다. 아직 이런 주장이 명확히 증명된 것은 아니지만 부산물 급여로 인해 영양적 불균형이 발생하고 다양한 질병에 걸릴 가능성이 높아진다는 사실은 의심의 여지가 없다.

- 지방 fat

만약 새로 산 사료 봉투를 열었을 때 자극적인 냄새가 난다면 정제된 동물성 지방, 주방용 기름 등 사람이 먹기에는 적합하지 않은 고약한 기름 냄새를 맡은 것이다.

식당에서 쓰고 버린 기름찌꺼기는 지난 15년간 저급사료의 주요 동물성 지방 원료로 사용되어 왔다. 대부분 몇 주 동안 실외에 방치되고, 외부에 노출된 것들을 정제회사에서 모아서 다른 종류의 지방을 첨가한 뒤 심한 변질을 막기 위해 강력한 항산화제를 첨가한다. 그리고 이 혼합물을 사료회사에 재판매한다.

이렇게 재탄생한 지방은 밋밋하거나 맛없는 사료를 맛있게 만들기 위해서 건조된 사료 알갱이 위에 도포된다. 이 지방 성분은 사료 제조 시 첨가되는 향료의 결합도 돕는다. 동물사료학자들에 따르면 동물은 이렇게 도포된 지방을 좋아하는 것으로 알려져 있다.

- 탄수화물 carbohydrates과 곡물 grain

사료에 사용되는 곡물의 양은 점점 증가하고 있다. 곡물에 함유된 영양소의 이용률은 곡물의 소화율과 관계가 있는데 사료에 함유된 탄수화물의 종류와 양에 따라 동물이 실제로 얻을 수 있는 영양소의 양이 달라진다. 어떤 곡물은 개와 고양이에게 완전히 소화, 흡수되는 반면 어떤 곡물은 20퍼센트도 소화가 되지 않는다. 이렇게 소화되지 않는 탄수화물은 당연히 거의 영양가가 없다. 땅콩껍질과 같은 충전재는 단순히 양만 채울 뿐 영양가는 전혀 없다.

많은 사료회사가 사료의 영양이 부실하다는 사실을 숨기기 위해 '원료 쪼개기'라는 방법을 사용한다. 예를 들어서 사료성분표에 닭, 옥수수가루, 옥수수 글루텐 순서로 적혀 있는 사료가 있다. 그런데 자세히 보면 옥수수가루와 옥수수 글루텐은 모두 옥수수로 만든 것이므로 기본적으로 같은 영양소를 가지고 있다. 이렇게 원료를 두 가지 이상 나열함으로써 실제로 옥수수가 사료의 주성분임에도 불구하고 보는 이에게 닭이 주성분인 것처럼 보이게 하는 것이다.

- 향미료 flavorings

마늘과 양파는 가공식품에 흔히 첨가되는 향미료이다. 물론 천연사료도 항세균, 항암, 면역 촉진 등의 특성 때문에 마늘을 첨가하는 경우가 많다. 이런 목적으로 사용되는 마늘의 용량은 동물에게 독성을 나타내지 않고 건강에도 도움이 된다. 반면에 양파는 보다 독성 위험이 높으며 특히 고양이에게는 심각한 빈혈을 일으킬 수 있다. 나는 고양이나 개에게 양파가 들어 있는 음식을 먹이지 말라고 경고한다.

– 첨가제 additives와 보존제 preservatives

동물에게 인공 화합물이 들어 있지 않은 천연식품을 먹이려고 하는 반려인이라면 첨가제와 보존제에 신경을 써야 한다. 동물 사료에는 사료의 안정성, 모양, 냄새를 향상시키기 위한 첨가제가 다량 들어 있다. 이런 첨가제들은 영양가는 전혀 없으며 주로 사람에게 더 좋게 보이려는 목적으로 사용된다. 사실 개들은 명확한 색 구분이 불가능하기 때문에 사료의 색 따위는 의미가 없다. 그러나 반려인들은 오래된 고기색 같은 갈색 사료보다는 신선한 고기색인 붉은색 사료를 더 선호한다. 물론 이때 사용되는 인공색소 artificial coloring에는 영양가가 전혀 없다.

첨가제에는 수분과 지방의 분리를 막는 유화제, 각 원료가 서로 결합하는 것을 막는 안티케이킹제 anti-caking도 들어 있다. 항균제는 변질을 줄여 주고, 항산화제는 지방이 역한 기름으로 바뀌는 것을 막고 유통 기한을 연장시키는 보존제로 사용된다. 물론 보존제는 사료에 반드시 필요하다. 그러나 합성 물질인 EQ ethoxyquin, BHA butylated hydroxyanisole, BHT butylated hydroxtouene보다는 비타민 C나 비타민 E 같은 천연 항산화제가 더 좋다.

동물보호협회의 조사에 따르면 동물 사료의 3분의 2가량이 보존제를 첨가하고 있으며, 나머지 3분의 1 중에도 대부분 합성 보존제를 사용해 안정화시킨 성분이 포함되어 있다. 예를 들어서 식품의 가공 과정에서 손실된 비타민을 보충하기 위한 목적으로 첨가하는 비타민 첨가제에도 방부제가 들어갈 수 있다는 것이다. 이는 곧 원료 정제 공장에서, 사료 제조 공장에서, 비타민 보충제 첨가 과정에서 첨가된 방부제로 범벅이 된 사료를 반려견이 먹고 있다는 의미이기도 하다.

우리가 우리 몸에 쌓이는 각종 인공 첨가물에 대해 민감하게 생각하는 것처럼 홀리스틱 수의사와 사려 깊은 반려인은 사료 가공 과정에서 침가된 첨가물의 영향에 대해 걱정한다. 사료에 포함된 화합물은 여러 종류의 암, 면역성 질환, 관절염, 알레르기 등과 같은 수많은 만성질환의 발병에 악영향을 끼친다. 이런 화합물은 소량일 경우 비교적 안전한 것으로 알려져 있으나 만성질환의 발병과 무관함을 증명하는 명확한 자료 또한 없다.

예를 들어 에톡시퀸ethoxyquin은 수년간 사용해도 안전한 것으로 알려졌으나 계속 몸에 축적되다 보면 독성을 나타내는 경우도 있었다. 지난 40여 년 동안 식품 첨가제의 수는 크게 늘어왔다. 그러나 오늘날 사용하는 첨가제 중 안전성이 명확히 밝혀진 것은 46퍼센트에 불과하다. 때로는 발암물질 성분도 기준치 아래의 사용량에 대해서는 승인되기도 한다. 이런 발암물질을 장기간 지속적으로 섭취했을 때의 위험성에 대한 연구는 없다. 이런 물질이 체내에 축적되어 악영향을 끼칠 수도 있는데 말이다.

건강을 위한 보다 현명한 선택은 가능하다면 인공 첨가제가 들어 있지 않은 천연사료를 구입하거나 집에서 직접 음식을 만들어 주는 것이다. 하지만 불가피하게 천연사료 대신 일반 상업용 사료를 먹여야 한다면 반드시 최소량의 인공 첨가제가 들어간 제품을 선택한다. 그래서 개에게 발생할 수 있는 잠재적인 독성을 감소시켜 주어야 한다. 맥주효모 brewers yeast, 지방산, 해조류, 보리순, 익힌 간cooked liver, 효소 제품, 발아콩, 발아씨앗과 같은 천연식품은 사료 가공 과정에서 손실된 영양소를 보충하는 데 도움이 된다.

> ### ❖ 항산화 보존제
>
> EQ(에톡시퀸), BHA(뷰틸하이드록시아니솔), BHT(뷰틸레이트하이드록시톨루엔)는 동물용 상업용 사료에 가장 흔히 사용되는 화학 항산화 보존제이다. 많은 사람들이 EQ 사용에 대해 불안해하는데 지난 75년 동안 나온 연구 결과는 0.015퍼센트 이하의 저용량을 사용할 경우에는 안전하다는 결과가 전부이다. EQ가 다른 화학물질에 따른 암 발병을 막는다는 연구가 있기는 하다(무해한 화학물질을 발암성 있는 물질로 전환시키는 발암물질이나 효소와 결합하여 억제한다).
>
> 그러나 많은 홀리스틱 수의사들은 EQ가 다양한 질병, 피부 질환, 불임의 주요 원인이라고 주장한다. 많은 반려인이 EQ 사용에 우려를 나타내자 대부분의 고급 사료는 BHA, BHT와 함께 EQ의 사용을 중단하고 있다. 대신 화학 보존제의 대체물로 비타민 C, 비타민 E 같은 천연 항산화제를 사용하고 있다. BHA가 식품 첨가물로 '안전한' 수준이라고 승인되어 있기는 하지만 많은 반려인은 이 성분들이 들어 있는 제품을 선호하지 않는다.
>
> 이런 화학 보존제가 널리 쓰이는 이유는 천연 항산화제보다 원가가 훨씬 저렴하기 때문이다. 때문에 싼 사료일수록 이런 성분이 함유되었을 확률이 높다. 만약 상업용 사료를 먹이고 있다면 다시 한 번 라벨을 꼼꼼히 읽어보기를 바란다.

생식 바로 알기와 건강한 가정식 만들기

만약 집에서 직접 음식을 만들어 준다면 그것이 바로 홀리스틱 수의사들이 추천하는 개를 위한 최고의 음식이다. 그런데 어떻게 만들어야 할까?

  날것이 좋은지, 익힌 것이 좋은지에 대한 수많은 논쟁을 익히 들어보았을 것이다. 많은 반려인이 음식을 익히면 영양소가 파괴되므로 생식이야말로 살아 있는 영양분을 공급할 수 있는 방법이라고 생각한다. 이 문제는 논쟁의 여지가 많지만 나는 중립적인 입장이다.

BARF 식단

날음식(생식)과 익힌 음식(화식)에 대한 논쟁은 BARF 식단과 관계가 깊다(이언 빌링허스트 박사의 이름을 따서 빌링허스트 다이어트라고도 한다). BARF는 뼈와 생고기 식품Bones And Raw Food을 뜻하는 재미난 약자이다. 이 식이요법에서는 동물에게 생뼈, 생고기, 생야채, 쌀과 같은 탄수화물을 먹인다. 개념은 간단하다. 개나 고양이의 친척뻘인 야생동물이 생고기를 먹으니 가정에서 기르는 동물도 그렇게 먹어야 한다는 것이다. 이 식이요법을 지지하는 사람들의 주장을 객관적인 시각에서 살펴보자.

주장 반려동물은 친척뻘인 야생동물이 먹는 것을 먹어야 한다.
고찰 그들의 친척뻘인 야생동물이 바로 사냥한 신선한 생고기를 먹는 것이 사실이기는 하지만 반려견은 야생동물이 아니다. 이는 반려견이 야생동물과 같은 음식을 먹어서는 안 된다는 말이 아니라 완전히 다른 생활방식, 활동량, 건강상의 유의점을 지닌 전혀 다른 그룹의 동물이라는 점을 염두에 둬야 한다는 말이다.

주장 생고기가 반려동물에게 더 안전하다. 야생동물은 생고기를 먹고 병에 걸리지 않는다.
고찰 대부분의 반려인은 생고기를 먹인 후에 발생하는 확연한 건강상의 문제를 발견하지 못한다. 반대로 많은 이들이 생고기를 먹인 이후에 피부와 털이 좋아지고, 가려움증이 완화되고, 전반적인 건강 상태가 좋아졌다고 말한다. 하지만 생고기를 먹일 경우 기생충 감염이나 세균 감염 같은 위험성이 존재하는 것도 사실이다. 이에 대해서는 나중에 자세히 다룰 것이다.

야생동물이 생고기를 먹고도 병에 걸리지 않는다는 말은 인간이 모든 야생동물에게 일어나는 모든 것을 다 알고 있다는 무지하고 섣부른 생각이다. 그런 음식을 먹고도 잘 사는 야생동물도 있지만 야생의 먹이는 질병을 유발하고 전염시킬 수 있는 기생충에 노출되어 있다는 사실도 우리는 알고 있다. 물론 이 문제에 대한 연구 자료가 없다는 것은 안타까운 일이다.

주장 동물의 몸은 사람에 비해 더 '산성'이다. 그것이 동물이 생고기를 먹어도 아프지 않은 이유이다.

고찰 나는 이 주장이 무슨 말인지 모르겠다. 어떻게 동물의 '산성도'를 측정할 수 있는지 궁금하다. 아마도 이렇게 주장하는 사람들은 동물의 몸속에 있는 '산'이 음식 안에 있는 모든 독성을 정화할 수 있다고 생각하는 듯하다. 물론 야생동물이 그들이 먹는 음식에 잘 적응하는 것은 사실이다. 하지만 이것이 모든 음식으로 인한 문제로부터 자유롭다는 뜻은 아니다. 예를 들어 야생동물이 근육 부분의 고기만 먹는다면 오래지 않아 칼슘 결핍에 걸릴 것이다. 또한 고기가 상했거나 병균에 감염되었다면 식중독에 걸릴 것이다(이는 쓰레기통을 뒤적거리는 동물에서도 흔히 발생하는 문제이다). 기생충에 감염된 고기를 먹는다면 기생충에 감염될 것이므로 산도와 관련된 이야기는 설득력이 없다.

주장 생고기는 반려동물에게 안전하다. 동물의 몸은 생고기로 발생하는 문제를 잘 해결할 면역체계를 갖추고 있다.

고찰 이는 '안전하다'라는 말의 의미에 따라 다르다. 인공 첨가물이나 호르몬제가 들어 있지 않고, 세균이나 기생충에 감염되지 않은 고기는 분명 안전하다. 그러므로 생고기를 먹이려는 반려인은 먹이려는 고기가 위에 나열한 것들로부터 안전한지를 반드시 확인해야 한다. 가정에서의 관리도 중요하다. 가정에서 발생하는 식중독은 대부분 고기 자체의 문제라기보다는 관리상의 부주의로 발생하기 때문이다.

일부 반려인의 '동물은 생고기로 인한 문제를 충분히 해결할 수 있다.'는 말은 동물의 소화기관과 면역기관이 감염이나 기생충을 막아낼 수 있다는 이야기일 것이다. 물론 건강한 동물이라면 병에 감염될 가능성이 적을 수 있지만(이 역시 병원체의 종류와 수에 따라 달라지지만), 여전히 생고기는 위험하다. 나중에 이런 감염성을 최소화하는 지침을 이야기하겠지만 생고기로 인한 잠재적인 위험성에는 변함이 없다.

흥미로운 것 중 하나는 생돼지고기, 사슴, 토끼 등 야생동물의 생고기 급여는 문제가 있지만 나머지는 문제가 안 된다는 주장이다. 물론 생돼지고기, 다른 야생동물의 고기가 양고기, 쇠고기에 비해서 기생충 감염 가능성이 높다는 데는 나도 동의한다. 그러나 이 말 속에는 모순이 존재한다. 만약 반려동물이 그들의 '산도'와 면역체계로 생고기를 충분히 섭취할 수 있는 능력이 있다면 왜 어떤 고기의 기생충은 괜찮고, 어떤 고기는 위험할까? 야생동물은 돼지, 사슴 등 다양한 사냥감의 생고기를 먹는다. 모든 생고기는 동물의 몸에 이롭다고 이야기하면서 이런 예외를 두는 것은 합리적이지 않다.

주장 개에게 생뼈를 줘도 안전하다.

고찰 우리는 다시 한 번 '안전하다'라는 말의 의미를 생각해 봐야 한다. 개는 대부분 생뼈를 먹고 죽지 않지만 때에 따라 소화관이 폐쇄되거나 다른 건강상의 문제를 유발한다. 많은 수의사들의 경험이 이를 뒷받침하고 있다. 그런데 생뼈가 안전하다고 주장하는 사람들은 부드러워서 쪼개지기 쉬운 익힌 뼈만 아니면 문제가 되지 않는다고 말한다. 다시 한 번 말하지만 판단은 반려인의 몫이다.

이런 논쟁과 관련해 지금까지 제시된 자료는 주로 개에게 생고기나 생뼈를 먹이지 말라고 하지만 항상 그런 것은 아니다. 안타깝게도 생고기를 먹인 경우와 익힌 고기를 먹인 경우를 비교한 연구도, 두 가지 식사법의 안전성을 비교한 연구도 없다.

다만 내가 말할 수 있는 것은 생고기를 먹이는 우리 병원 고객들의 경우 특별한 문제를 호소하지 않았다는 것이다. 그들은 대부분 반려동물이 더 건강하고, 윤기 나는 피부와 털을 갖게 되었으며, 털도 덜 빠지고, 가려움증이나 관절염 같은 건강상의 문제도 훨씬 적다고 심리적으로 느낀다.

<u>몇몇 생식 지지자들은 관절염과 같은 문제는 가공식품에 의한 것이므로 생식을 먹는 동물에게는 나타나지 않는다고 말한다.</u> 이 주장에 전적으로 동의하지는 않지만 양질의 영양 성분이 적절히 배합된 최상의 음식을 먹는다면 부산물과 화학 첨가물에 찌든 상업용 사료를 먹는 경우에 비해 훨씬 더 건강한 삶을 유지할 수 있음은 당연하다.

선택은 궁극적으로 반려인의 몫이다. 반려인이 반려견에게 무엇을 먹이기로 결정하든 영양결핍을 막고 건강을 위한 최상의 균형 잡힌 영양 공급을 위해 노력해야 한다. 영양 보조제 및 기타 보조제에 대한 자세한 내용은 5장을 참조하기 바란다.

가정식 만들기

화학물질이 들어 있지 않은 천연의 음식을 개에게 먹이는 것은 원료를 고르는 것에서부터 시작한다. 화학물질, 호르몬, 살충제를 전혀 사용하지 않은 채소와 고기가 가장 이상적이다. 식단은 대부분의 경우 소고기나 닭고기를 주 단백질원으로 사용한다. 양고기, 사슴고기, 토끼고기 등을 사용할 수도 있으나 혹시라도 소고기나 닭고기에 음식 알레르기를 나타낼 수 있으므로 나중을 위해 남겨 두는 것이 좋다. 나는 음식 재료로 준비한 고기와 곡물은 익히고, 야채는 날것이나 살짝 데친 것을 사용하라고 조언한다.

만약 생식을 먹이기로 결정했다면 앞서 언급한 위험성에 대한 대비책도 마련해야 한다. 순수주의 홀리스틱 수의사는 주로 생식을 추천하면서 생식으로 인한 부작용을 경험하지 않았다고 주장하지만 생고기로 인한 감염 위험성을 고려하여 판단하는 것이 현명하다. 위험성이 있는 대표적인 세균은 대장균과 살모넬라균이다. 언론의 보도를 통해서도 잘 알려졌듯이 대장균은 주로 소고기에서, 살모넬라균은 생닭고기, 칠면조, 달걀 등의 가금류 축산물을 통해 감염된다.

다음은 반려견이 날고기를 먹어서 발생할 수 있는 세균이나 기생충 감염을 최소화할 수 있는 방법이다. 그러나 감염 위험성이 완전히 해소된 것은 아니다.

1. 날고기를 먹인다면 닭고기, 칠면조고기, 양고기, 소고기만 날것으로 먹인다. 토끼고기, 사슴고기, 야생동물고기, 돼지고기는 익혀서 먹이는 것이 좋다.
2. 교차 감염을 예방하기 위해서 정육점이나 상점에서 파는 다진 고기는 익혀서 먹인다. 집에서 직접 다진 것은 상관없다.

3. 모든 고기는 먹이기 전에 최소한 일주일 동안 냉동시켜 놓는다.
4. 고기를 먹이기 전에 깨끗한 물로 꼼꼼하게 씻는다. 바로 먹일 만큼만 준비하고 남은 것은 냉동시켜 보관한다.
5. 생고기를 먹인 후 조금이라도 몸 상태가 이상해 보이면 즉시 동물병원을 찾는다.

생식을 먹이는 경우 기생충 예방을 위해 정기적으로 종합구충제를 투여하는 것이 안전하다. – 옮긴이

가정식에서는 흔히 비타민과 미네랄 부족 등 영양적인 결핍이 발생하므로 영양소가 모자라거나 넘치는 것을 막기 위해 세심한 준비가 필요하다. 만드는 음식에 강아지용이나 성견용 종합 비타민제를 첨가하는 것도 좋은 방법이다. 일부 홀리스틱 임상가들은 동물에게 미네랄 성분을 효율적으로 전달할 수 있는 것으로 알려진 콜로이드 미네랄(흡수율이 매우 높은 형태의 미립자 미네랄)을 사용할 것을 추천하기도 한다. 칼슘 제품도 첨가하면 좋다. 천연 칼슘 제품이 합성 칼슘 제품보다 더 좋으며 글루콘산칼슘, 탄산칼슘, 젖산칼슘 형태가 좋다.

알레르기가 있는 개를 위한 추천 식단

개의 건강을 위한 좋은 음식의 중요성에 대해 어느 정도 알아보았으니 이제는 알레르기가 있는 개의 염증과 가려움증을 완화시켜 줄 수 있는 식이요법에 대해 알아보자.

사실 아토피 피부염이 있는 개를 위한 특별한 식이요법은 없다. 일반적으로 아토피 피부염이 있어도 음식 알레르기나 과민증은 없는 경우도 많기 때문에 큰 효과가 없을 거라 생각하는 사람도 많다.

그러나 많은 홀리스틱 수의사들은 양질의 천연 식이요법을 통해 증상이 완화된 경험을 이야기한다. 아토피와 음식과민증이 있는 개가 더 좋은 음식을 먹고 난 후 가려움증과 염증이 완화된 경우도 많다. 따라서 알레르기가 있는 동물에게 영양보조요법이 기본적인 치료로 사용되었을 때 어떤 증상 개선 효과가 있는지는 임상 경험을 통해서 설명할 수 있을 것이다. 물론 음식 알레르기가 있는 개는 저알레르기성 음식을 먹어야 한다.

가능하다면 나는 반려견에게 가정식을 먹일 것을 추천한다. 가정식이 음식의 질을 조절할 수 있는 유일한 방법이기 때문이다. 집에서 음식을 만들어 주기 힘들다면 천연사료를 먹이도록 한다. <u>천연사료를 먹여도 계속 가려움증을 호소하던 개가 가정식을 먹이고 나서 증상이 완화되는 경우가 있다.</u>

나트륨(염분) 함량도 중요한 고려사항이다. 의사들은 천식 환자에게 나트륨 섭취량을 줄일 것을 권한다. 왜냐하면 음식으로 섭취한 소금이 히스타민에 대한 기관지 반응성을 증가시켜 호흡곤란을 일으켜 심한 경우 사망에 이르기 때문이다.

알레르기가 있는 동물에게는 어떻게 반응할지 알려진 바가 없지만 상당수의 사료가 많은 염분을 포함하고 있다. 천연사료는 이런 문제가 훨씬 덜하지만 항상 사료 포장에 적힌 표시 사항을 확인해야 한다. 알레르기가 있는 동물은 저염 가정식이나 소금이 첨가되지 않은 천연사료를 먹는 것만으로도 충분히 건강을 유지할 수 있다.

만약 반려견이 음식 알레르기가 의심되거나 진단을 받았다면 수의사는 토끼고기나 사슴고기와 같은 새로운 단백질원으로 만들어진 저알레르기성 사료를 처방할 것이다. 나는 음식 알레르기가 확진된 경우가 아니라면 한 가지 단백질로 이루어진 사료를 추천하지 않는다. 왜냐하면 토끼고기나 사슴고기는 가격이 비싸고 구하기 어려운데다 만일 이런 희소 단백질원에 대해 음식 알레르기 반응을 나타낼 경우 다른 대안을 찾기가 어렵기 때문이다.

❖ 성견을 위한 가정식

반려인은 반려견에게 새로운 가정식을 급여하기 전에 개의 건강에 해롭지 않은지 수의사와 먼저 상의해야 한다. 여기에서 소개하는 조리법은 하나의 지침에 불과하다. 구체적인 원료와 양은 수의사와 상의하여 반려인이 직접 결정한다. 영양 조성 또한 사용하는 원료에 따라 천차만별이다. 다음 조리법은 11~16킬로그램 정도의 개가 하루에 필요로 하는 영양소와 열량에 기초한 것이다. 실제 재료의 양은 개의 체중에 따라 달라진다.

- 달걀 완숙 3개 또는 지방 2퍼센트 코티지치즈 1컵 또는 소(혹은 닭, 오리, 양, 사슴, 토끼 등) 살코기 150그램 또는 두부 2/3컵 또는 삶은 콩 1컵(수의사가 개의 상태에 따라 적당한 단백질원을 추천해 줄 것이다)
- 익힌 현미 2컵 또는 익힌 국수 또는 껍질째 삶은 감자 2/3컵
- 골분(뼈로 만든 가루) 4정
- 종합비타민제 1정
- 캐놀라 오일 2큰술
- 염화칼륨(소금 대체제) 1/4작은술
- 생것 혹은 익힌 야채(당근, 브로콜리 등) 1/2~1컵

이 조리법은 Strombeck D. Home, *Prepared Dog and Cat Diets*(Iowa State University Press, 1999)에서 발췌.

성공적인 사료 교체 방법

몸에 좋은 새로운 사료로 쉽게 바꾸는 비밀이 하나 있다. 하루아침에 사료를 바꾸면 몇몇 개는 구토나 설사를 한다. 어떤 개는 예민하게 굴며 갑자기 사료를 먹지 않고 버티기도 한다. 가장 좋은 방법은 시간을 가지고 천천히 조금씩 새 사료에 적응하도록 하는 것이다. 이전에 먹이던 사료가 일주일치 정도 남았을 때 새 사료를 구입한다. 첫날에는 이전 사료에 새 사료를 10퍼센트 섞어 주고 서서히 그 양을 늘려 나간다. 이런 방법은 새로운 사료에 대한 거부감을 줄여 주는 것은 물론 낯선 음식에 대한 소화상의 문제도 방지할 수 있다.

새로운 사료에 완전히 적응하기까지 어느 정도 시간이 걸린다. 보통 4~8주를 급여하고 나면 동물의 몸이 정화되며 가려움증과 염증이 완화되는 등의 효과를 확인할 수 있다.

알레르기가 있는 개를 위한 처방식 사료

알레르기가 있는 개 중 일부는 시판되는 아토피 피부염이나 음식 알레르기가 있는 개를 위한 처방식 사료를 먹고 증상이 완화된다. 이런 제품은 오메가 6 지방산과 오메가 3 지방산이 적절한 비율을 이루고 있거나 앞서 언급했던 희귀 단백질원을 사용한다. 일반사료는 대부분 오메가 6 지방산 함량이 높고 오메가 3 지방산 함량은 낮은데 이를 역전시켜 줘야만 세포막의 오메가 3 지방산의 양을 증가시켜 가려움증을 완화시킬 수 있다.

이런 제품 가운데 어떤 것들은 '가수분해시킨 단백질modified proteins'이라는 새로운 원리를 이용해 만든 것이다. 단백질을 화학적으로 잘게

분해하여 면역반응을 일으키지 않도록 하는 것으로 효과가 매우 좋다. 하지만 개가 사료의 단백질이 아니라 부산물, 충전재, 화학물질 등에 알레르기 반응을 보일 수도 있다.

언뜻 보기에 이런 처방식 사료는 알레르기가 있는 개를 위한 최선의 선택으로 보인다. 그러나 홀리스틱 반려인에게는 조금 우려되는 점이 있다. 연구에 따르면 오메가 3 지방산과 오메가 6 지방산의 적정 비율은 5 : 1과 10 : 1 사이라고 하지만 이런 처방식도 천연식품이 필요한 개에게는 여전히 부족하다. 또한 알레르기나 가려움증이 있는 개를 위해 만들었다는 사료가 부산물, 충전재, 여러 화학 첨가물을 사용하지 않았다는 의미는 아니기 때문이다.

단순히 이 사료에서 저 사료로 바꾸는 것만으로(그것이 알레르기가 있는 개를 위한 처방식이라 해도) 가려움증이 금방 사라지지는 않는다. 보다 더 천연 원료를 사용한 식단으로 바꾸고(그것이 가정식이든 천연사료든), 다양한 영양 보조제를 급여하고, 목욕을 자주 시키고, 때때로 가려움증이 심한 경우 약물요법의 도움을 받는 것이 내 환자들에게는 효과적이었다. 그러므로 요즘 넘쳐 나는 고가의 '알레르기용' 처방 사료를 반드시 먹일 필요는 없다.

최근에는 전문 처방식 사료업체들도 영양 보조 성분의 함량을 크게 늘리고, 첨가제 사용을 줄이는 추세이다. 반면 일부 업체는 사료 홍보 문구에 가수분해 사료를 표방하지만 실제로는 검증되지 않고 효과가 없는 제품도 많아 가수분해 처방식 사료 구입 시 반드시 수의사의 추천을 받도록 한다. - 옮긴이

영양 보조제 급여

가정식에 수의사가 추천한 영양 보조제를 첨가하면 알레르기가 있는 개에게 도움이 된다. 영양 보조제는 효능이 잘 알려진 믿을 만한 제품을 사용하고, 급여에 앞서 수의사의 자문을 구한다.

나는 가정식에 캐놀라 오일, 오메가 3 지방산을 첨가할 것을 권한다. 사용량은 레시피나 오메가 3 지방산 제품의 추천 용량을 따른다. 오메가 3 지방산은 염증과 가려움증을 감소시키는 데 효과가 있다.

가정식 레시피에는 종종 칼슘과 인 성분이 필요한데 골분이나 정제 형태의 제품을 이용한다. 골분의 대체물로 천연 칼슘 제품을 사용할 수도 있다. 스탠더드프로세스 사의 제품인 '칼시푸드웨이퍼Calcifood Wafers', '칼슘락테이트Calcium Lactate' 등이 좋다.

또한 종합 비타민제를 첨가한다. 사람용 천연 제품(인공 합성 제품이 아닌)을 사용할 수도 있지만 이 제품들은 사람의 평균 몸무게를 기준으로 만들어졌음을 명심해야 한다. 이는 체중을 환산해서 급여해도 개에게는 위험할 수 있다. 가장 좋은 방법은 베트리사이언스Vetriscience 사의 제품인 케나인플러스Canine Plus와 같은 반려견용 천연 제품을 사용하는 것이다. 급여량은 제품에 적힌 용량을 따른다. 나는 스탠더드프로세스 사의 카탈린Catalyn이란 제품도 즐겨 사용하는데 효과를 극대화시키기 위해 케나인플러스와 함께 사용하기도 한다. 수의사에 따라 다양한 제품을 추천할 것이다.

효소 제품도 개의 소화 기능을 개선하는 데 도움이 되는데, 특히 천연 소화효소가 들어 있지 않은 상업용 사료를 먹이는 경우에 좋다. 프로자임Prozyme, 샤켄자임Shake-n-Zyme은 대표적인 식물성 소화효소 제품이다. 제품 포장의 표시 사항을 따르도록 한다. 식물성 생리활성물질 phytonutrient과 항산화제를 공급하기 위해 동물의 식단에 보리순, 스피루리나 등의 녹색 식품을 첨가하는 것도 좋다.

<u>좋은 음식은 전반적인 건강 관리에 중요할 뿐 아니라 알레르기 증상이 나타나는 것을 예방하는 데도 중요하다.</u> 천연사료나 가정식에 더해 추천한 영양 보조제를 함께 먹이면 알레르기가 있는 개를 위한 홀리스틱 식단 프로그램의 기초를 다질 수 있을 것이다. 8장에서 다룰 알레르기 유발물질과의 접촉을 피하는 방법과 함께 식이요법은 알레르기 증상을 예방하는 데 매우 길고도 중요한 과정이다.

7장 복습하기

- 식이요법 단독으로 알레르기를 치료할 수는 없지만 증상의 발현을 막고 완화시키는 데 도움이 된다.
- 과도하게 가공된 사료는 개에게 필요한 최소량의 영양소만 가지고 있다.
- 사료에 들어간 첨가제에 대해 잘 알아두고 포장에 있는 사료성분표를 꼼꼼히 읽는다.
- 천연사료는 일반사료에 비하여 영양 성분이 더 풍부하다.
- 가정식은 가장 충실하게 영양을 공급할 수 있는 방법이다. 의외로 간편하게 준비할 수도 있다.
- 홀리스틱 관점으로 접근하는 치유법만큼 건강한 생활양식은 없다.

CHAPTER 8

알레르기
유발물질
피하기

반려견이 아토피 피부염에 걸리지 않도록 할 수는 없지만 아토피 피부염으로 인한 고통을 줄여 줄 수는 있다. 피부 알레르기는 유전적이어서 치료할 수 없다. 하지만 낯선 외부 단백질이나 알레르기 유발물질처럼 알레르기 반응을 촉진하는 물질만 피해도 가려움으로 긁는 증상을 막을 수는 있다. 반려견이 알레르기로 긁는 것을 막는 최선의 방법은 알레르기 유발물질이 거의 없는 사막이나 빙하로 떠나는 것이지만 실현 불가능하므로 차선책은 가려움을 유발하는 알레르기 유발물질을 잘 피하는 것이다. 일단 피내접종검사를 통해 알레르기를 유발하는 물질이 무엇인지 알았다면 예방을 위해 접촉 가능성을 최소화해야 한다.

개의 알레르기 유발물질 역치 유지하기

만약 알레르기 유발물질이 개의 알레르기 유발물질 역치(견뎌낼 수 있는 정도) 이내라면 개는 가려워하지 않을 것이다. 반려견이 30가지의 서로 다른 물질에 알레르기 반응을 나타내고, 또 이중에서 15가지가 동시에 함께 나타날 때만 가려운 증상이 나타난다고 가정해 보자. 이것이 바로 역치이다. 14가지의 알레르기 유발물질이 항상 발현되고 있더라도 15번째 알레르기 유발물질만 없다면 몸은 '알레르기' 상태이지만 가려워서 긁지는 않을 것이다.

 겨울과 봄을 무사히 잘 지냈지만 벌레들이 우글대는 여름이 왔다고 가정해 보자. 다른 알레르기에 걸린 개들과 마찬가지로 반려견도 벼룩의 타액에 대해 알레르기 반응을 보인다. 벼룩이 바로 반려견의 15번째 알레르기 유발물질이 되어 가려움을 유발할 것이다.

 알레르기 유발물질 역치 개념의 핵심은 벼룩과 같은 기생충을 포함한 환경상의 알레르기 유발물질과의 접촉을 최소화하는 것이다. 작은 노력 하나하나가 알레르기 유발물질 수준을 개의 역치 아래로 유지하는 데 도움이 된다.

알레르기 유발물질 회피요법

추운 지방으로 이사를 가거나 무균실에서 생활하지 않아도 알레르기 유발물질과의 접촉을 최소화할 수 있는 방법이 여럿 있는데 매우 간단하고 단순해서 누구나 실천할 수 있다.

 많은 동물은 실외에서 직접 접촉하거나 흡입하는 다양한 종류의 풀, 나무, 꽃가루, 곰팡이 등에 알레르기 반응을 보인다. 이런 동물은 외출

하고 돌아온 직후 심하게 가려워하는 경우가 많다. 이런 알레르기 유발물질과의 접촉 기회를 감소시키기 위해, 외출 시간을 최소화해야 하는데 특히 알레르기가 심한 계절에는 더욱 그렇다(개화 시기처럼 계절적인 영향을 받는 경우).

반려견을 항상 집 안에만 두는 것은 불가능하다. 그러나 <u>마당에 물을 주거나 잔디를 깎은 뒤에는 알레르기 유발물질이 활성화되므로 개를 집 안에만 있게 해야 한다.</u> 외출 시에 옷을 입혀 알레르기 유발물질과의 접촉을 막는 것도 좋다. 산책 후 반려견의 발에 묻은 흙이나 이물질을 젖은 수건으로 닦아내는 것도 도움이 된다.

반려견이 거의 밖에 나가지 않고 실내에서만 생활하는데 알레르기 반응을 보인다면 알레르기 유발물질은 집 안에 있거나 다른 사람이나 동물에 의해 묻혀 오는 것이라고 추측할 수 있다. 이런 경우 진공청소기로 자주 청소를 하고 카펫을 세탁하는 것이 도움이 된다. 집 안 구석구석이 먼지 없이 깨끗하다면 더욱 도움이 될 것이다. 커튼, 베개, 침구 등도 카펫과 마찬가지로 알레르기 유발물질을 품고 있을 수 있다. 반려견이 차에 타는 시간이 많다면 당연히 차 내부도 깨끗하게 청소해야 한다.

개의 잠자리는 특히 신경 써야 한다. 잠자리 깔개는 자주 세탁하고 교체해 준다. 깔개에서 가장 많이 발견되는 알레르기 유발물질은 집먼지진드기이다(이는 자주 세탁하면 해결할 수 있다).

집, 차, 잠자리를 청결하고 깨끗하게 유지해야 할 뿐 아니라 개의 몸도 깨끗하게 유지해야 한다. 저알레르기성 샴푸와 린스를 이용해 몸에 붙은 이물질을 제거한다(112쪽 참조). 목욕은 특히 벼룩과 진드기를 제거하는 데 유용하다. 알레르기가 있는 많은 동물은 벼룩이나 다른 외부

(또는 내부)기생충에 대해서도 알레르기 반응을 보인다. 개의 몸에 붙은 벼룩 한 마리가(사라지고 난 뒤에도) 아토피 피부염으로 가려움증을 유발할 수 있다는 사실을 명심해야 한다.

공기 중의 알레르기 유발물질 역시 회피 대상이다. 알레르기 유발물질이 없는 실내 공기를 유지하기 위해 정기적으로 에어컨과 히터의 필터를 교체한다. 필터에는 집 안의 알레르기 유발물질이 들러붙었다가 오랫동안 방치하면 알레르기 유발물질의 일부가 공기 중으로 다시 배출된다. '알레르기 예방' 필터나 HEPA High Efficiency Particle-Arresting (고성능 입자 제거) 필터를 사용하면 좋다.

담배연기도 사람과 동물에게 흔히 알레르기를 촉발시키는 알레르기 유발물질이다. <u>반려견을 가려움증으로부터 해방시키고 건강하게 키우고 싶다면 개가 사는 환경에서 담배연기를 제거해야 한다.</u> 만약 반려인이 계속 흡연을 한다면 개의 알레르기를 더욱 악화시키는 것은 물론 호흡기장애와 폐암의 위험성도 높인다. 담배를 피우고 싶다면 동물의 건강을 생각해서 실외에서 해야 한다.

집에서 일어나는 모든 일이 개의 알레르기 증상과 관련이 있음을 유념해야 한다. 외부기생충이나 계절적인 알레르기 유발물질은 언제나 경계해야 한다. 개에게 알레르기가 있다면 자녀가 밖에서 놀고 들어와서 개와 접촉하기 전에 손을 씻고 옷을 갈아입도록 하는 것이 좋다. 알레르기가 없는 개가 외출하고 돌아온 뒤에는 알레르기가 있는 개, 알레르기가 있는 개가 사용하던 침구류와의 직접적인 접촉을 피해야 한다. 알레르기가 있어서 집 안에만 있어야 한다면 지루함을 달랠 수 있도록 집 안에서 운동을 하거나 함께 놀 수 있는 방법도 찾아야 한다.

앞에서 열거한 알레르기 유발물질을 피하는 방법을 잘 지켜야 반려견의 알레르기 증상이 잘 조절되고, 삶이 보다 안락해질 것이다.

8장 복습하기

- 아토피 피부염은 유전적 질환이므로 절대 완치가 가능한 질병이 아니다.
- 반려견이 알레르기 유발물질과 접촉할 기회를 줄임으로써 알레르기 반응을 예방할 수 있다.
- 모든 개는 알레르기 반응을 나타내기까지 견딜 수 있는 알레르기 유발물질에 대한 역치를 가지고 있다. 그러므로 역치 이하를 유지해야 한다.
- 알레르기 유발물질과의 접촉을 줄이기 위해 개의 외출 시간을 줄여야 한다.
- 집 안을 깨끗이 청소하고, 담배연기를 없애는 등 가능한 한 알레르기 유발물질이 없는 환경을 만든다.
- 항원, 벼룩, 진드기 등에 의한 오염을 막기 위해 정기적으로 목욕을 시키고 잠자리를 갈아 준다.

CHAPTER

9

피부병에 대한
이상적인
홀리스틱적 접근법

드디어 마지막 장에 이르렀다. 이 책이 아토피 피부염을 이해하는 데 도움이 되었길 바란다. 아토피는 치료가 거의 불가능한 유전적 질환이라는 점을 알았지만 알레르기 반응을 촉발시키는 알레르기 유발물질에 노출을 감소시키는 등 알레르기가 있는 개가 보다 안락하고 덜 가렵도록 관리하는 방법도 배웠다.

　알레르기는 '단 하나의' 완벽한 치료법은 없기 때문에 보완적 치료법을 통해 치료하는 데 수개월이 소요될 수도 있다. 종종 홀리스틱 수의사는 어떤 요법이 효과가 있는지를 찾아내기 위해서 다양한 요법을 적용하기도 할 것이다. 알레르기 관리의 궁극적인 목표는 가려움증에서 완전히 해방시키는 것이 아니라 일상생활을 할 때 보다 안락하게 지내도록 만드는 것임을 알아야 한다. 알레르기 피부염 외에도 옴진드기, 내외부 기생충 혹은 보다 심각한 질병 등 가려움증을 유발하는 다양한 원인이 존재한다. 그렇기 때문에 정확한 진단이 치료에 앞서 필수이다.

코르티코스테로이드와 항히스타민제와 같은 주류 수의학 약물이 알레르기 동물의 치료에 큰 역할을 하는 것은 사실이지만 잠재적인 부작용의 위험도 크다. 특히 코르티코스테로이드는 다른 요법에 전혀 반응하지 않는 경우를 제외하고는 단독으로 장기간 사용하는 것은 좋지 않다.

영양보조요법, 식이요법, 침술요법, 허브요법, 동종요법과 같은 보완적 치료법도 아토피 피부염 치료에 효과가 있다. 이들은 종종 단독 요법으로 사용되기도 하지만 많은 수의사가 저용량 약물요법과 병행하여 사용한다.

이 치료법을 효율적으로 함께 사용하기 위한 내 홀리스틱적 접근 방법을 소개한다.

- 개에게 건강한 삶을 제공한다. 강아지 때부터 영양가 높은 음식을 먹이고 개에게 필요한 적당량의 운동을 시킨다.
- 개의 정기적인 관리를 위하여 홀리스틱 수의사와 좋은 관계를 쌓아 둔다. 개가 진료 과정에 익숙하고 수의사를 낯설어하지 않을 때 더욱 성공적인 진료를 기대할 수 있다.
- 개가 긁는 것을 보면 가능한 한 빨리 정확한 진단을 받아야 한다. 알레르기는 반려견을 매우 괴롭게 만들 뿐 아니라 만성 피부 감염에 취약하게 만든다. 증상을 완화시켜 줄 수 있는 치료를 신속히 시작하면 할수록 동물에게 도움이 된다.

- 아토피 피부염이 가려움증을 유발하는 가장 흔한 원인이기는 하지만 그 밖의 다른 원인도 많다. 알레르기 상태에서 2차적으로 발생하기도 하고, 완전히 독립적으로 발생하기도 한다. 간혹 가려움증의 원인이 매우 심각한 질병인 경우도 있다.
- 가려움증의 다른 원인을 감별해 내려면 적절한 진단과 검사가 필요하다. 일반적으로 피부 스크래핑 검사, 피부세포학 검사, 곰팡이 배양, 피부조직검사, 피부배양, 혈액검사 등의 검사를 한다.
- 반려견이 아토피 피부염 진단을 받았다면 수의사와 함께 다양한 치료법에 대해 의논해야 한다. 극심한 가려움을 호소한다면 증상을 신속히 완화시키기 위해 저용량 코르티코스테로이드나 항히스타민제 등의 약물을 단기간 동안 처방할 수 있다. 보완적 치료법은 대부분 시간이 오래 걸린다. 특히 영양보조요법이나 식이요법 같은 경우는 효과가 나타나기까지 한두 달 혹은 그 이상이 소요되므로 증상 완화를 목적으로 단기간 동안 약물요법을 사용할 수 있다.
- 알레르기 유발물질과의 접촉을 피하기 위한 예방법을 잘 실천해야 한다.
- 저알레르기성 제품을 이용해서 자주 목욕을 시킨다.
- 수의사가 추천하거나 반려인이 필요성을 느낀다면 식이요법과 영양보조요법을 실시한다.
- 필요하다면 침술요법과 동종요법 치료를 받을 수 있다. 영양학적 치료가 반응을 보이지 않는다 해도 개의 전반적인 건강 증진을 위해서 계속 실시하도록 한다. 염증과 가려움증을 완화시키고 면역체계를 자극하는 데 침술이나 동종요법 등이 도움이 될 수 있다.

장기적인 접근법

나는 장기적인 치료일 때 대부분 오메가 3 지방산을 함유한 영양보조제 급여, 생식 급여, 호르몬 보조제, 주 2~3회의 목욕(알레르기가 심한 계절에는 매일) 등의 방법을 사용했는데 특별한 부작용 없이 성공적으로 상태 유지가 가능했다. 개가 괴로워할 때면 때때로 동종요법, 침술요법, 일반적인 약물요법을 적용하기도 한다.

모든 수의사는 아토피 등 다양한 질환을 치료하기 위하여 자신만의 접근법을 가지고 있다. 홀리스틱적으로 개를 치료하려면 개가 전반적으로 건강하고 풍성한 삶을 살 수 있도록 노력하는 것이 중요하다. 동물은 인도적으로 대우받아야 하며, 반려인은 어떤 치료를 할지 선택하는 순간에 수의사에게만 맡기지 말고 반드시 함께 참여해야 한다.

특정 환자에게 최선의 치료법을 결정해 주는 정확하고 신속한 묘책은 없다. 나는 반려인에게 부작용이나 비용을 포함해 실제 선택 가능한 치료 방법에 대해 자세히 설명한다. 나는 반려인과 함께 한 팀을 이뤄 동물을 위한 최선의 치료 방법을 찾아가는 과정을 즐긴다.

반려인이 치료에 함께 참여하면 치료에 더 흥미를 갖고 열심히 실천한다. 또한 자신이 동물의 치료 결과에 있어 중요한 역할을 했다고 느끼게 된다. 이는 자신을 '신'처럼 여기며 반려인의 참여 없이 일단 '산탄식 처방(증상에 비추어 여러 약물을 우선 쓰고 보는)'을 하는 수의사의 접근법과는 확연히 다르다.

반려동물과 사는 반려인은 사랑스럽고 헌신적이며 따뜻한 마음을 가진 사람들이다. 무엇보다 <u>그들은 궁극적으로 자신의 반려동물에 대한 책임이 있으므로 치료 과정에 함께 참여하는 것이 반드시 필요하다.</u>

참고문헌

동물을 위한 홀리스틱 관리에 대한 정보를 더 많이 얻고 싶거나 근처 홀리스틱 수의사에 대한 정보를 얻고 싶다면 미국홀리스틱수의학협회American Holistic Veterinary Medical Association로 연락하기 바란다. 또는 Pet Care Naturally의 홈페이지www.petcarenaturally.com를 방문할 수도 있다.

Ackerman, L.. "Dermatologic Uses of Fatty Acids in Dogs and Cats." *Veterinary Medicine*(December 1995): 1149-1155.

Ackerman, L.. "Nondermatologic Indications for Fatty Acids Supplementation in Dogs and Cats." *Veterinary Medicine*(December 1995): 1156-1159.

Ackerman, L.. "Reviewing the Biochemical Properties of Fatty Acids." *Veterinary Medicine*(December 1995): 1136-1148.

Altman, S.. "Small Animal Acupuncture: Scientific Basis and Clinical Applications." In *Complementary and Alternative Veterinary Medicine*, edited by A. Schoen and S. Wynn. Philadelphia, PA: W. B. Saunders, 1999: 147-168.

Balch, J. and P. Balch. *Prescription for Nutritional Healing.* Garden City, NY: Avery, 1997: 110-122.

Belfield, W.. "Orthomolecular Medicine: A Practitioner's Perspective." In *Complementary and Alternative Veterinary Medicine*, edited by A. Schoen and S. Wynn. Philadelphia, PA: W. B. Saunders, 1999: 113-132.

Bratman, S. and D. Kroll. *Natural Health Bible*. Rocklin, CA: Prima, 1999: 3-4, 66-68.

Chen, J.. *Clinical Manual of Oriental Medicine*. La Puente, CA: The Lotus Collection, 1999.

Day, C.. *The Homeopathic Treatment of Small Animals: Principles and Practice*. Essex, Britain: C. W. Daniel, 1990: 96-100.

Day, C.. "Veterinary Homeopathy: Principles and Practice." In *Complementary and Alternative Veterinary Medicine*, edited by A. Schoen and S. Wynn. Philadelphia, PA: W. B. Saunders, 1999: 485-514.

DeBoer, D.. "Management of Chronic and Recurrent Pyoderma in the Dogs." In

Kirk's Current Veterinary Therapy XII: Small Animal Practice, edited by John Bonagura. Philadelphia, PA: W. B. Saunders, 1995: 413-415.

DeCava, J.. "Glandular Supplements." *Nutrition News and Views*(May/June 1997), P. O. Box 877, West Barnstable, MA 02668-0877.

DeGroot, J.. "Veterinary Medical Uses and Sources of Omega-3 Fatty Acids." *Veterinary Forum*(May 1998): 42-48.

DeGuzman, E.. "Western Herbal Medicine: Clinical Applications." In *Complementary and Alternative Veterinary Medicine*, edited by A. Schoen and S. Wynn. Philadelphia, PA: W. B. Saunders, 1999: 337-378.

Greco, D. and E. Behrend. "Corticosteroid Withdrawal Syndrome." In *Kirk's Current Veterinary Therapy XII: Small Animal Practice*, edited by John Bonagura. Philadelphia, PA: W. B. Saunders, 1995: 413-415.

Hannah, S.. "Nutritional Considerations for Food Allergies in Dogs: Nutritional Management Based on the Principles of Food Hypersensitivity." *Purina Owner's Guide*, 1997.

Hodgson, J.. "Capitalizing on Carbohydrates." *Bio/Technology* 8(February 1990): 109-111.

Hodgson, J.. "Capitalizing on Carbohydrates." *Bio/Technology* 9(July 1990): 609-613.

Ihrke, P.. "Pruritus." In *Textbook of Veterinary Internal Medicine*, Vol. I, edited by S. Ettinger and E. Feldman. Philadelphia, PA: W. B. Saunders, 1999: 31-36.

Kwochka, K.. "Shampoo and Moisturizing Rinses in Veterinary Dermatology." In *Kirk's Current Veterinary Therapy XII: Small Animal Practice*, edited by John Bonagura. Philadelphia, PA: W. B. Saunders, 1995: 611-617.

Ledford, D.. "Urticaria and Angioedema." In *Allergic Diseases, Diagnosis and Treatment*, edited by P. Lieberman and J. Anderson. Totowa, NJ: Humana Press, 1997: 189-204.

Lininger Jr., S., A. Gaby, S. Austin, D. Brown, J. Wright, and A. Duncan. *The Natural Pharmacy*. 2d ed. Rocklin, CA: Prima, 1999: 15-16, 64-65, 76-77.

MacDonald, J. "Glucocorticoid Therapy." In *Textbook of Veterinary Internal Medicine*, Vol. I, edited by S. Ettinger and E. Feldman. Philadelphia, PA:W.B. Saunders,

1999: 307-317.

McKeever, P. and H. Globus. "Canine Otitis Externa." In *Kirk's Current Veterinary Therapy XII: Small Animal Practice*, edited by John Bonagura. Philadelphia, PA: W. B. Saunders, 1995: 647-655.

Macleod, G.. *Dogs: Homeopathic Remedies*. Essex, Britain: C. W. Daniel, 1994: 98-116.

Miller Jr., W.. "Treatment of Generalized Demodicosis in Dogs." In *Kirk's Current Veterinary Therapy XII: Small Animal Practice*, edited by John Bonagura. Philadelphia, PA: W. B. Saunders, 1995: 625-628.

Moore, M.. "Skin Allergy Agent." *Veterinary Forum*(October 1999): 26.

Murray, M. and J. Pizzorno. *Encyclopedia of Natural Medicine*. 2d ed. Rocklin, CA: Prima, 1998: 260-272, 448-454, 464-475.

Pitcairn, R. and S. Pitcairn. *Dr. Pitcairn's Complete Guide to Natural Health for Dogs and Cats*. Emmaus, PA: Rodale Press, 1995: 229-232, 303-308.

Plumb, D.. *Veterinary Drug Handbook*. 3rd ed. Ames, IA: Iowa State University Press, 1999: 214-216, 306-309, 333-334.

Purina. "Meeting the Special Nutritional Needs of Dogs with Food Allergies." *Purina CNM Owner's Guide*, 1997.

Reinhart, G.. "Review of Omega-3 Fatty Acids and Dietary Influences on Tissue Concentrations." Proceedings of the 1996 IAMS International Nutritional Symposium, 235-242.

Reinhart, G., D. Scott, and Wm. Miller Jr.. "A Controlled Dietary Omega-6 : Omega-3 Ratio Reduces Pruritus in Non-Food Allergic Dogs." Proceedings of the 1996 IAMS International Nutritional Symposium, 277-284.

Schick, M., R. Schick, and G. Reinhart. "The Role of Polyunsaturated Fatty Acids in the Canine Epidermis: Normal Structure and Functional Components, Inflammatory Disease State Components, and as Therapeutic Dietary Components." Proceedings of the 1996 IAMS International Nutritional Symposium, 267-276.

Schultz, K.. "The Current Immunology of Allergy." In *Kirk's Current Veterinary Therapy XII: Small Animal Practice*, edited by John Bonagura. Philadelphia, PA: W. B.

Saunders, 1995: 628-630.

Schwartz, C.. "Chinese Herbal Medicine in Small Animal Practice." In *Complementary and Alternative Veterinary Medicine*, edited by A. Schoen and S. Wynn. Philadelphia, PA: W. B. Saunders, 1999: 437-450.

Scott, D.. "Rational Use of Glucocorticoids in Dermatology." In *Kirk's Current Veterinary Therapy XII: Small Animal Practice*, edited by John Bonagura and J. Kirk. Philadelphia, PA: W. B. Saunders, 1995: 573-581.

Scott, D., W. Miller Jr., and C. Griffin. *Muller and Kirk's Small Animal Dermatology*. 5th ed. Philadelphia, PA: W. B. Saunders, 1995.

Smith Jr., F. W. K.. "The Neurophysiologic Basis of Acupuncture." In *Veterinary Acupuncture: Ancient Art to Modern Medicine*, edited by A. Schoen. Philadelphia, PA: W. B. Saunders, 1994: 33-54.

Strombeck, D.. *Home-Prepared Dogs and Cats Diets*. Ames, IA: Iowa State University Press, 1999: 127-216.

Tilford, G. and M. Wulff-Tilford. *All You Ever Wantded to Know about Herbs for Pets*. Irvine CA: BowTie Press, 1999: 335-346.

Ullman, D.. "Homeopathic Medicine: Principles and Practice." In *Complementary and Alternative Veterinary Medicine*, edited by A. Schoen and S. Wynn. Philadelphia, PA: W. B. Saunders, 1999: 469-484.

Vaughn, D. and G. Reinhart. "Influence of Dietary Fatty Acid Ratios on Tissue Eicosanoid Production and Blood Coagulation Parameters in Dogs." Proceedings of the 1996 IAMS International Nutritional Symposium, 243-246.

Waters, K. C.. "Acupuncture for Dermatologic Disorders in Dogs and Cats." In *Veterinary Acupuncture: Ancient Art to Modern Medicine*, edited by A. Schoen. Philadelphia, PA: W. B. Saunders, 1994: 269-276.

Whitaker, J.. *Dr. Whitaker's Guide to Natural Healing*. Rocklin, CA: Prima Publishing, 1996: 163-171, 239-241.

찾아보기

ㄱ

가공식품	120, 123
가려움증	21, 29
가정식	172, 176
감초	141, 145
갑상선기능저하증	63, 87
갑상선 질환	62
강박관념	61
개선충	31, 34, 82
경구내성	53
경혈	148
고관절(엉덩이관절)이형성	63
곡물	169
곤충	44
골든실	141
곰팡이균	49, 50
곰팡이 배양검사	82
관절염	63, 98
국소요법	111
국소형 모낭충	33, 37
귀 감염	26
글루타싸이온 과산화효소	122

ㄴ

나트륨	179
날고기	177
낭종	62
내부기생충	51
녹색 식품	122

ㄷ

단백질	167
당귀	144
당단백질	115
당질코르티코이드	96
대체 수의학	13
데모덱스 카니스	33
동양 생약요법	146
동종요법	106, 150, 152, 153
등록 성분	163
DMG	33

ㄹ

레이저요법	148
루스 톡시코덴드로	155
리코포디움	155
링웜	49, 83
링허스트 다이어트	173

ㅁ

마늘	140, 169
만성 피부 감염	22
말라세지아	23, 47
메틸프레드니솔론	91
모낭충	33, 36, 92
목욕	112
미네랄	178
미세진드기	32
미크로스포룸 기프세움	50

미크로스포룸 카니스	50, 83
미타반	37
민들레	140

ㅂ

바이오플라보노이드	130
BARF식단	173
방사선 검사	85
배제 식이요법	54
백선	144
벤조일 페록사이드	37
벼룩 알레르기성 피부염	39, 40
병력 청취	72
보완요법	14, 111
보존제	170
부산물	167
분자교정요법	88, 131, 132
불개미	43
불안	61
붉은토끼풀	142
비만세포종양	62
BHA	172
BHT	172
비타민	178
비타민 C	129

ㅅ

사료성분표	163
사르코프테스 스카비아이	35
사마귀	62
상업용 사료	161
색소과침착	22

생뼈	175
생식	133, 134
생약요법	143
서양 허브요법	138, 146
세균 감염	44
셀레늄	121
셀룰라아제	121
소화흡수율	164
스타필로코키눔	156
스테로이드	88, 96, 98
시험적 약물요법	85
식단	159
식물성 효소	121
식이요법	84, 158
신경성 피부병	61
실험실적 검사	78
심인성 피부염	86
쌀	57
쐐기풀	142

ㅇ

아라키돈산	94
아르세니쿰 알붐	154
아마씨	124
아세마난	115
아스코르브산	133
IgE 항체	21
아토피	17, 19, 90, 179
안티모니움 크루둠	154
알레르기성 비염	23
알레르기성 아토피 피부염	11
알레르기 유발물질	185
알레르기 주사	106

알로에	139		음식 알레르기	51, 52
알로에 베라	113		이버멕틴	38
알팔파	139		이중맹검시험	15
약물과민반응	60		2차 감염	22
약욕요법	115		EQ	172
약용 샴푸	114		인	183
약침요법	148		인수공통질병	35
양고기	57		임상병리검사	75
양파	169		잉글리시불도그	22
어유	126			
에이코사노이	94		**ㅈ**	
에이코사펜타에노산	94		자연요법	14
에키네시아	140		잠복성 개선충	36
에톡시퀸	171		잠자리	187
염증성 물질	94		장내 기생충	51
엽록소	122		장내성	132
영양 권장량	164		저먼 캐모마일	140
영양보조요법	116		저알레르기성 샴푸	112
영양 보조제	116, 120, 183		저알레르기성 음식	179
예방접종	24		전신형 모낭충 감염	33, 34, 37
엘로독	143		전침요법	146
오메가 3 지방산	123, 127, 181		접촉성 피부염	58
오메가 6 지방산	123, 127, 181		제1형 과민반응	21, 40
옴	31, 35		종합 비타민제	178, 183
우엉 뿌리	139		지방	168
위약효과	151		지방산제제	126
위양성	76		지방종	62
위음성	76		지연형 과민반응	40
유두종	62		지황	144
유전성 질환	19, 35		진공청소기	187
유황	156		진드기 검사	25
은행	141		진정 증상	103
음식과민증	179		진정 처치	26, 86

징코라이드 141

ㅊ

처방식 사료 181
천연사료 165
첨가제 170
충전재 160
췌장(이자) 120
치자 144
침술요법 146, 148

ㅋ

칼슘 183
칼슘 제품 178
컨디셔너 112, 114
케르세틴 130
케토코나졸 48
코르티손 155
코르티코스테로이드 38, 95
코엔자임 Q10 132
콜로이드 미네랄 178
콜로이드 오트밀 113, 115
콜리 38
쿠싱증후군 87

ㅌ

탄수화물 169
탈감작요법 105
투자 156
트리코피톤 멘타그로피테스 50

ㅍ

파리 44
포도상구균 23, 44
프리미엄 사료 162
피내 알레르기 반응검사 76
피부검사 76
피부배양검사 84
피부사상균 49, 83
피부생검(조직검사) 79
피부 스크래핑 검사 34, 82
피부암 62
피부의 세포학적 검사 83
피크노제놀 130
피토케미컬 135
필수지방산 123, 127

ㅎ

항산화 보존제 172
항산화제 128, 129, 130
항원요법 75
항체가 검사 24
항히스타민제 93, 102, 103
행동교정 약물요법 62
허브요법 137, 146
헤파르 술푸리스 155
혈액검사 86
호르몬 제품 134
홀리스틱 12, 68, 201
효모균 23, 46
효소제제 120
히스타민 102
히페리쿰 155

역자 후기

※

열린 마음으로 치유하는 홀리스틱 의학으로의 초대

"어떻게 하면 동물을 낫게 할 수 있을까?"

"무엇이 동물을 위한 최선일까?"

수의사인 나는 항상 이렇게 자문하곤 한다. 동물을 치료하기 위해 어떻게 하면 최선을 다할 수 있을까?

홀리스틱 의학은 이런 질문에서 출발한 의학적 접근법이다. 어떠한 편견도 없이 모든 방법을 총동원하여 환자의 심신을 건강하게 만들고 질병으로부터 회복시키는 것을 최우선으로 삼는다.

그런 이유로, 홀리스틱 의학은 단순한 의학적 분류가 아니라 하나의 철학이기도 하다. 주류 의학과 보완대체 의학을 통합한 의학이라는 사전적 의미도 있지만, 한편으로 홀리스틱 의학은 질병을 치료함에 있어 환자의 몸 전체를 바라보고 치료한다는 의미도 있다. 피부병으로 온몸이 가렵고 발진이 났다면, 단순히 표면적인 증상을 완화시키는 처방보다는 가려움의 근본적인 원인을 찾고, 환자의 전반적인 몸 상태를 평가한 뒤 적절한 치료법을 통해 치유하는 것이다.

동물을 진료하면서 재미있는 점 중 하나는 동물의 몸은 사람보다 더 순수하다는 사실이다. 고상한 문학적 표현이 아니라, 실제로 동물들은 약(藥)과 독(毒)에 더욱 민감하다. 몸에 좋은 것은 그 효과를 더 확실하게 느낄 수 있는 반면, 나쁜 것은 그 악영향 또한 더욱 강력하게 나타나기 때문이다.

이런 특징을 고려할 때 홀리스틱 수의학은 많은 장점이 있다. 동물들은 사람보다 여러 보완대체요법에서 더 뛰어난 치료 효과를 얻는 경우가 많다. 또한 효과는 뛰어나지만 부작용이 큰 일부 주류 의학 약물을 사용함에 있어서도, 보완대체요법을 병행하여 부작용을 줄이고 신체를 보호하는 것도 가능하다.

이 책은 알레르기성 피부염에 대한 풍부한 지식을 다룬 정보서이자 홀리스틱 수의학이란 분야를 소개하는 안내서이기도 하다. 저자는 알레르기에 대한 이해를 돕는 자세한 설명과 함께 우리가 그동안 동물병원에서 치료받아 오던 기존의 주류 의학 치료법과 보완대체 의학을 이용한 새로운 치료법에 대해 상세히 설명하고 있다.

지난 십여 년 동안 수의학의 급속한 발전은 과거 진단이 어렵거나 치료가 불가능했던 많은 피부질환을 보다 쉽게 진단하고 관리할 수 있게 만들어 주었다. 그러나 여전히 피부병은 많은 개들이 동물병원을 찾는 가장 큰 이유 중 하나이고, 그중에서도 유독 알레르기성 피부염(또는 아토피)만은 점점 더 발병 환자가 늘어나고, 치료가 어려운 난치성 질환으로 남아 많은 개들과 가족을 고통 속에 빠뜨리고 있다. 반려인들은 대부분 일시적인 효과를 위해 약을 먹이거나, 아토피에 뭐가 좋더라는 소문에 휩쓸려 무분별하게 여러 민간요법을 시도해 보고 낙담하기를 반복하고는 한다.

이 책을 통해 알레르기성 피부염이란 무엇인지 그 실체와 다양한 치료의 원리를 이해하는 데 도움을 얻을 수 있을 것이다. 또한 홀리스틱 수의학적 접근법으로 알레르기성 피부염을 극복해 나감은 물론 동물-반려인-수의사가 함께 팀을 이뤄 해결책을 찾아나가는 과정의 중요성을 배울 수 있는 계기가 될 것이다.

저자가 역설한 정확한 진단의 중요성이나 홀리스틱 접근법을 통한 성공적인 효과는 나 역시 실제 진료를 하며 많이 경험하고 실감하고 있다.

한 예로 오랜 기간 아토피 피부염으로 고생했다며 나를 찾은 요크셔 미미는 추가적으로 실시한 피부병 검사에서 모낭충 감염이 확인되었다. 당연히 항생제나 스테로이드 투여로 해결될 수 없었고, 대신 기생충 치료와 병행하여 침치료, 영양보조제 급여 등 보완대체 수의학의 면역보조요법을 통해 증상이 빠르게 호전되었다.

반면 가장 최신 기술이 적용되었다는 알레르기 처방사료를 먹여도 전형적인 아토피 증상과 가려움으로부터 벗어날 수 없었던 시추 코코는 천연 제품 위주로 식단을 개선하고 영양보조요법, 약욕요법 등을 통해 큰 불편 없이 일상생활을 영위하는 것이 가능해졌다.

이 책을 출간하며 걱정스러웠던 점 중 하나는 무분별한 인터넷 정보와 위험한 자가치료가 범람하고 있는 국내 환경에 대한 우려였다. 보완대체 의학의 권위자인 저자는 보완대체 의학의 장점을 소개하고 있지만, 이런 치료에 앞서 반드시 수의사의 적절한 진단이 필수임을 강조하고 있다. 어떤 질환에 대해 보완대체요법을 적용하는 것은 바람직한 일이지만 그것이 보호자 임의의 무분별한 치료가 되어서는 안 된다. 반드시 수의사와 팀을 이뤄 끊임없이 상의하고 예후를 평가하며 진행해야 한다.

실제 오랜 기간 아토피 피부염에 걸린 개를 돌보며 반 피부병 박사가 되었다는 보호자들과 대화를 나누다 보면 그중 상당수는 정확한 진단 과정이 생략된 채 인터넷에 떠도는 정보들을 통해 스스로 진단을 내리고 이런저런 치료법을 원칙 없이 적용해 보고, 결국에는 아무런 치료법도 없다라고 포기해 버린 경우가 많았다. 가정식을 만들어 주는 정성에도 불구하고 알레르기 유발 원인에 대한 이해가 부족한 경우도 있었고, 초기에 진단되었더라면 쉽게 치료될 수 있는 가벼운 피부 질환을 치료 시기를 놓쳐 만성질환으로 만들어 버린 경우도 있었다. 자극이 강한 목초액으로 온몸을 범벅으로 만들어 피부가 심각하게 손상된 경우도 있었고, 피부병은 물론 몸에도 좋을 거라며 매일같이 유황을 한웅큼씩 먹여 신장이 손상되어 생명의 위기에 처한 경우도 있었다.

강조하건대 모든 동물의 수많은 질병에 딱 들어맞는 만병통치약이나 치료법은 없다. 또한 누가 무엇이 좋다더라는 이야기만 듣고 행하는 무분별한 자가치료는 오히려 동물의 몸을 심각하게 망가뜨릴 수 있다. 홀리스틱 수의학은 단순히 병원에 가지 않고 진료 비용을 절감하는 방법이 아니라, 몸을 보호하고 질병의 근본 원인을 치료하기 위해 그에 맞는 다양한 방법을 적용하는 것이라는 본의를 잊어서는 안 된다.

아울러 이 책을 통해 주류 의학이나 보완대체 의학 중 어느 한 쪽만 맹신하는 반려인이나 수의사가 새로운 시각을 갖게 되는 좋은 계기가 되기를 바란다. 최신 의학 기술을 외면하고 보완대체 의학만을 고집하는 경우도 있고, 반대로 깊은 학문적 연구도 없이 침치료나 동종요법을 사기꾼이나 장사꾼 놀음으로 치부해 버리는 경우도 이해하기가 힘들다. 참고로 이미 국내에서는 수의대 교수들을 중심으로 한방을 공부하는 전통수의학회가 만들어져 활동 중이며, 허브요법에서 많이 사용하는 밀크시슬(milk thistle) 추출물을 이용한 간 보호제는 동물병원에서 가장 많이 쓰이는 약물이 되었다. 동종요법을 이용한 설사약이나 감기약 등도 보편화되어 많이 보급되고 있다.

이 책을 처음 접한 것은 2002년 토론토의 한 도서관에서였다. 당시 보완대체 의학에 심취해 있던 내가 이 책을 발견하고 한 페이지, 한 페이지 공부하며 번역했던 기억이 생생하다. 책상서랍에 묻혀 가끔 후배 수의사 교육용으로만 꺼내 보던 것을 10년이 넘게 지나 운좋게 책공장더불어 출판사의 도움으로 세상의 빛을 보게 되어 진심으로 감사의 말을 전한다. (출간된 지 10년이 지났지만 여전히 내용이 알차며, 그 외 추가적인 내용이나 최신 정보는 옮긴이 주로 보충했다.) 아울러 급속도로 성장하는 반려동물 환경에 비해 아직은 초보적인 단계에 머무른 국내 홀리스틱 수의학이나 자연요법 분야가 올바로 자리매김하는 데 이 책이 작은 도움이 되었으면 한다.

책공장더불어의 책

개·고양이 자연주의 육아백과
세계적인 홀리스틱 수의사 피케른의 개와 고양이를 위한 자연주의 육아백과. 40만 부 이상 팔린 베스트셀러로 반려인, 수의사의 필독서. 최상의 식단, 올바른 생활습관, 암, 신장염, 피부병 등 각종 병에 대한 대처법도 자세히 수록되어 있다.

개, 고양이 사료의 진실
미국에서 스테디셀러를 기록하고 있는 책으로 반려동물 사료에 대한 알려지지 않은 진실을 폭로한다. 2007년도 멜라민 사료 파동 취재까지 포함된 최신판이다.

우리 아이가 아파요! 개·고양이 필수 건강 백과
새로운 예방접종 스케줄부터 우리나라 사정에 맞는 나이대별 흔한 질병의 증상·예방·치료·관리법, 나이 든 개, 고양이 돌보기까지 반려동물을 건강하게 키울 수 있는 필수 건강백서.

고양이 질병의 모든 것
40년간 3번의 개정판을 낸 고양이 질병 책의 바이블로 고양이가 건강할 때, 이상 증상을 보일 때, 아플 때 등 모든 순간에 곁에 두고 봐야 할 책이다. 질병의 예방과 관리, 증상과 징후, 치료법에 대한 모든 해답을 완벽하게 찾을 수 있다.

노견 만세
퓰리처상을 수상한 글 작가와 사진 작가가 나이 든 개를 위해 만든 사진 에세이. 저마다 생애 최고의 마지막 나날을 보내는 노견들에게 보내는 찬사.

개가 행복해지는 긍정교육
개의 심리와 행동학을 바탕으로 한 긍정교육법으로 50만 부 이상 판매된 반려인의 필독서. 짖기, 물기, 대소변 가리기, 분리불안 등의 문제를 평화롭게 해결한다.

암 전문 수의사는 어떻게 암을 이겼나
암에 걸린 암 수술 전문 수의사가 동물 환자들을 통해 배운 질병과 삶의 기쁨에 관한 이야기가 유쾌하고 따뜻하게 펼쳐진다.

유기견 입양 교과서
유기견을 도우려는 사람을 위한 전문적인 정보·기술·지식을 담았다. 버려진 개의 마음 읽기, 개가 보내는 카밍 시그널과 몸짓언어, 유기견 맞춤 교육법, 입양 성공법 등이 담겼다.

유기동물에 관한 슬픈 보고서 (환경부 선정 우수환경 도서, 어린이도서연구회에서 뽑은 어린이·청소년 책, 한국간행물윤리위원회 좋은 책, 어린이문화진흥회 좋은 어린이책)
동물보호소에서 안락사를 기다리는 유기견, 유기묘의 모습을 사진으로 담았다. 인간에게 버려져 죽임을 당하는 그들의 모습을 통해 인간이 애써 외면하는 불편한 진실을 고발한다.

버려진 개들의 언덕
인간에 의해 버려져서 동네 언덕에서 살게 된 개들의 이야기. 새끼를 낳아 키우고, 사람들에게 학대를 당하고, 유기견 추격대에 쫓기면서도 치열하게 살아가는 생명들의 2년간의 관찰기.

개.똥.승. (세종도서 문학나눔 도서)
어린이집의 교사이면서 백구 세 마리와 사는 스님이 지구에서 다른 생명체와 더불어 좋은 삶을 사는 방법, 모든 생명이 똑같이 소중하다는 진리를 유쾌하게 들려준다.

동물을 만나고 좋은 사람이 되었다
(한국출판문화산업진흥원 출판 콘텐츠 창작자금지원사업 선정)
개, 고양이와 살게 되면서 반려인은 동물의 눈으로, 약자의 눈으로 세상을 보는 법을 배운다. 동물을 통해서 알게 된 세상 덕분에 조금 불편해졌지만 더 좋은 사람이 되어 가는 개·고양이에 포섭된 인간의 성장기.

동물을 위해 책을 읽습니다
(한국출판문화산업진흥원 출판 콘텐츠 창작자금지원사업 선정)
우리는 동물이 인간을 위해 사용되기 위해서만 존재하는 것처럼 살고 있다. 우리가 사랑하고, 입고, 먹고, 즐기는 동물과 어떤 관계를 맺어야 할까? 100여 편의 책 속에서 길을 찾는다.

동물에 대한 예의가 필요해
일러스트레이터인 저자가 지금 동물들이 어떤 고통을 받고 있는지, 우리는 그들과 어떤 관계를 맺어야 하는지 그림을 통해 이야기한다. 냅킨에 쓱쓱 그린 그림을 통해 동물들의 목소리를 들을 수 있다.

순종 개, 품종 고양이가 좋아요?
사람들은 예쁘고 귀여운 외모의 품종 개, 고양이를 좋아하지만 많은 품종 동물이 질병에 시달리다가 일찍 죽는다. 동물복지 수의사가 반려동물과 함께 건강하게 사는 법을 알려준다.

책공장더불어 http://blog.naver.com/animalbook   페이스북 @animalbook4   인스타그램 @animalbook.modoo

인간과 개, 고양이의 관계심리학
함께 살면 개, 고양이와 반려인은 닮을까? 동물학대는 인간학대로 이어질까? 248가지 심리실험을 통해 알아보는 인간과 동물이 서로에게 미치는 영향에 관한 심리 해설서.

임신하면 왜 개, 고양이를 버릴까?
임신, 출산으로 반려동물을 버리는 나라는 한국이 유일하다. 세대 간 문화충돌, 무책임한 언론 등 임신, 육아로 반려동물을 버리는 사회현상에 대한 분석과 안전하게 임신, 육아 기간을 보내는 생활법을 소개한다.

동물과 이야기하는 여자
SBS 〈TV 동물농장〉에 출연해 화제가 되었던 애니멀 커뮤니케이터 리디아 히비가 20년간 동물들과 나눈 감동의 이야기. 병으로 고통받는 개, 안락사를 원하는 고양이 등과 대화를 통해 문제를 해결한다.

펫로스 반려동물의 죽음 (아마존닷컴 올해의 책)
동물 호스피스 활동가 리타 레이놀즈가 들려주는 반려동물의 죽음과 무지개다리 너머의 이야기. 펫로스(pet loss)란 반려동물을 잃은 반려인의 깊은 슬픔을 말한다.

우주식당에서 만나
(한국어린이교육문화연구원 으뜸책)
2010년 볼로냐 어린이도서전에서 올해의 일러스트레이터로 선정되었던 신현아 작가가 반려동물과 함께 사는 이야기를 네 편의 작품으로 묶었다.

강아지 천국
반려견과 이별한 이들을 위한 그림책. 들판을 뛰놀다가 맛있는 것을 먹고 잠들 수 있는 곳에서 행복하게 지내다가 천국의 문 앞에서 사람 가족이 오기를 기다리는 무지개다리 너머 반려견의 이야기.

고양이 천국 (어린이도서연구회에서 뽑은 어린이·청소년 책)
고양이와 이별한 이들을 위한 그림책. 실컷 놀고 먹고, 자고 싶은 곳에서 잘 수 있는 곳. 그러다가 함께 살던 가족이 그리울 때면 잠시 다녀가는 고양이 천국의 모습을 그려냈다.

고양이 그림일기
(한국출판문화산업진흥원 이달의 읽을만한 책)
장군이와 흰둥이, 두 고양이와 그림 그리는 한 인간의 일 년 치 그림일기. 종이 다른 개체가 서로의 삶의 방법을 존중하며 사는 잔잔하고 소소한 이야기.

고양이 임보일기
《고양이 그림일기》의 이새벽 작가가 새끼 고양이 다섯 마리를 구조해서 입양 보내기까지의 시끌벅적한 임보 이야기를 그림으로 그려냈다.

고양이는 언제나 고양이였다
고양이를 사랑하는 나라 터키의, 고양이를 사랑하는 글 작가와 그림 작가가 고양이에게 보내는 러브레터. 고양이를 통해 세상을 보는 사람들을 위한 아름다운 고양이 그림책이다.

나비가 없는 세상
(어린이도서연구회에서 뽑은 어린이·청소년 책)
고양이 만화가 김은희 작가가 그려내는 한국 최고의 고양이 만화. 신디, 페르캉, 추새. 개성 강한 세 마리 고양이와 만화가의 달콤쌉싸래한 동거 이야기.

깃털, 떠난 고양이에게 쓰는 편지
프랑스 작가 클로드 앙스가리가 먼저 떠난 고양이에게 보내는 편지. 한 마리 고양이의 삶과 죽음, 상실과 부재의 고통, 동물의 영혼에 대해서 써 내려간다.

후쿠시마의 고양이 (한국어린이교육문화연구원 으뜸책)
2011년 동일본 대지진 이후 5년. 사람이 사라진 후쿠시마에서 살처분 명령이 내려진 동물들을 죽이지 않고 돌보고 있는 사람과 함께 사는 두 고양이의 모습을 담은 평화롭지만 슬픈 사진집.

사람을 돕는 개
(한국어린이교육문화연구원 으뜸책, 학교도서관저널 추천도서)
안내견, 청각장애인 도우미견 등 장애인을 돕는 도우미견과 인명구조견, 흰개미탐지견, 검역견 등 사람과 함께 맡은 역할을 해내는 특수견을 만나본다.

치료견 치로리 (어린이문화진흥회 좋은 어린이책)
비 오는 날 쓰레기장에 버려진 잡종개 치로리. 죽음 직전 구조된 치로리는 치료견이 되어 전신마비 환자를 일으키고, 은둔형 외톨이 소년을 치료하는 등 기적을 일으킨다.

채식하는 사자 리틀타이크
(아침독서 추천도서, 교육방송 EBS 〈지식채널e〉 방영)
육식동물인 사자 리틀타이크는 평생 피 냄새와 고기를 거부하고 채식 사자로 살며 개, 고양이, 양 등과 평화롭게 살았다. 종의 본능을 거부한 채식 사자의 9년간의 아름다운 삶의 기록.

대단한 돼지 에스더
(환경부 선정 우수환경도서, 학교도서관저널 추천도서)
인간과 동물 사이의 사랑이 얼마나 많은 것을 변화시킬 수 있는지 알려주는 놀라운 이야기. 300킬로그램의 돼지 덕분에 파티를 좋아하던 두 남자가 채식을 하고, 동물보호 활동가가 되는 놀랍고도 행복한 이야기.

용산 개 방실이
(어린이도서연구회에서 뽑은 어린이·청소년 책, 평화박물관 평화책)
용산에도 반려견을 키우며 일상을 살아가던 이웃이 살고 있었다. 용산 참사로 갑자기 아빠가 떠난 뒤 24일간 음식을 거부하고 스스로 아빠를 따라간 반려견 방실이 이야기.

개에게 인간은 친구일까?
인간에 의해 버려지고 착취당하고 고통받는 우리가 몰랐던 개 이야기. 다양한 방법으로 개를 구조하고 보살피는 사람들의 이야기가 그려진다.

후쿠시마에 남겨진 동물들
(미래창조과학부 선정 우수과학도서, 환경부 선정 우수환경도서, 환경정의 청소년 환경책 권장도서)
2011년 3월 11일, 대지진에 이은 원전 폭발로 사람들이 떠난 일본 후쿠시마. 다큐멘터리 사진작가가 담은 '죽음의 땅'에 남겨진 동물들의 슬픈 기록.

인간과 동물, 유대와 배신의 탄생
(환경부 선정 우수환경도서)
미국 최대의 동물보호단체 휴메인소사이어티 대표가 쓴 21세기 동물해방의 새로운 지침서. 농장동물, 산업화된 반려동물 산업, 실험동물, 야생동물 복원에 대한 허위 등 현대의 모든 동물학대에 대해 다루고 있다.

똥으로 종이를 만드는 코끼리 아저씨
(환경부 선정 우수환경도서, 한국출판문화산업진흥원 청소년 권장도서, 서울시교육청 어린이도서관 여름방학 권장도서, 한국출판문화산업진흥원 청소년 북토큰 도서)
코끼리 똥으로 만든 재생종이 책. 코끼리 똥으로 종이와 책을 만들면서 사람과 코끼리가 평화롭게 살게 된 이야기를 코끼리 똥 종이에 그려냈다.

야생동물병원 24시
(어린이도서연구회에서 뽑은 어린이·청소년 책, 한국출판문화산업진흥원 청소년 북토큰 도서)
로드킬 당한 삵, 밀렵꾼의 총에 맞은 독수리, 건강을 되찾아 자연으로 돌아가는 너구리 등 대한민국 야생동물이 사람과 부대끼며 살아가는 슬프고도 아름다운 이야기.

숲에서 태어나 길 위에 서다
(환경부 환경도서 출판 지원사업 선정)
한 해에 로드킬로 죽는 야생동물 200만 마리. 인간과 야생동물이 공존할 수 있는 방법을 찾는 현장 과학자의 야생동물 로드킬에 대한 기록.

고통받은 동물들의 평생 안식처 동물보호구역
(환경부 선정 우수환경도서, 환경정의 올해의 어린이 환경책, 한국어린이교육문화연구원 으뜸책)
고통받다가 구조되었지만 오갈 데 없었던 야생동물의 평생 보금자리. 저자와 함께 전 세계 동물보호구역을 다니면서 행복하게 살고 있는 동물을 만난다.

동물원 동물은 행복할까?
(환경부 선정 우수환경도서, 학교도서관저널 추천도서)
동물원 북극곰은 야생에서 필요한 공간보다 100만 배, 코끼리는 1,000배 작은 공간에 갇혀서 살고 있다. 야생동물보호운동 활동가인 저자가 기록한 동물원에 갇힌 야생동물의 참혹한 삶.

동물 쇼의 웃음 쇼 동물의 눈물
(한국출판문화산업진흥원 청소년 권장도서, 한국출판문화산업진흥원 청소년 북토큰 도서)
동물 서커스와 전시, TV와 영화 속 동물 연기자, 투우, 투견, 경마 등 동물을 이용해서 돈을 버는 오락산업 속 고통받는 동물들의 숨겨진 진실을 밝힌다.

고등학생의 국내 동물원 평가 보고서
(환경부 선정 우수환경도서)
인간이 만든 '도시의 야생동물 서식지' 동물원에서는 무슨 일이 일어나고 있나? 국내 9개 주요 동물원이 종보전, 동물복지 등 현대 동물원의 역할을 제대로 하고 있는지 평가했다.

햄스터
햄스터를 사랑한 수의사가 쓴 햄스터 행복·건강 교과서. 습성, 건강관리, 건강식단 등 햄스터 돌보기 완벽 가이드.

토끼
토끼를 건강하고 행복하게 오래 키울 수 있도록 돕는 육아 지침서. 습성·식단·행동·감정·놀이·질병 등 모든 것을 담았다.

사향고양이의 눈물을 마시다
(한국출판문화산업진흥원 우수출판콘텐츠 제작 지원 선정, 환경부 선정 우수환경도서, 학교도서관저널 추천도서, 국립중앙도서관 사서가 추천하는 휴가철에 읽기 좋은 책, 환경정의 올해의 환경책)

내가 마신 커피 때문에 인도네시아 사향고양이가 고통받는다고? 나의 선택이 세계 동물에게 미치는 영향, 동물을 죽이는 것이 아니라 살리는 선택에 대해 알아본다.

동물학대의 사회학
(학교도서관저널 올해의 책)

동물학대와 인간폭력 사이의 관계를 설명한다. 페미니즘 이론 등 여러 이론적 관점을 소개하면서 앞으로 동물학대 연구가 나아갈 방향을 제시한다.

동물주의 선언
(환경부 선정 우수환경도서)

현재 가장 영향력 있는 정치철학자가 쓴 인간과 동물이 공존하는 사회로 가기 위한 철학적·실천적 지침서.

동물은 전쟁에 어떻게 사용되나?

전쟁은 인간만의 고통일까? 자살폭탄 테러범이 된 개 등 고대부터 현대 최첨단 무기까지, 우리가 몰랐던 동물 착취의 역사.

묻다
(환경부 선정 우수환경도서, 환경정의 올해의 환경책)

구제역, 조류독감으로 거의 매년 동물의 살처분이 이뤄진다. 저자는 4,800곳의 매몰지 중 100여 곳을 수년에 걸쳐 찾아다니며 기록한 유일한 사람이다. 그가 우리에게 묻는다. 우리는 동물을 죽일 권한이 있는가.

물범 사냥
(노르웨이국제문학협회 번역 지원 선정)

북극해로 떠나는 물범 사냥 어선에 감독관으로 승선한 마리는 낯선 남자들과 6주를 보내야 한다. 남성과 여성, 인간과 동물, 세상이 평등하다고 믿는 사람들에게 펼쳐 보이는 세상.

동물들의 인간 심판
(대한출판문화협회 올해의 청소년 교양도서, 세종도서 교양부문 선정, 환경정의 청소년 환경책, 아침독서 청소년 추천도서, 학교도서관저널 추천도서)

동물을 학대하고, 학살하는 범죄를 저지른 인간이 동물 법정에 선다. 고양이, 돼지, 소 등은 인간의 범죄를 증언하고 개는 인간을 변호한다. 이 기묘한 재판의 결과는?

개 피부병의 모든 것
THE ALLERGY SOLUTION FOR DOGS

초판 1쇄 2015년 3월 19일
초판 3쇄 2022년 1월 18일

지은이 숀 메소니에
옮긴이 홍민기

펴낸이 김보경
펴낸곳 책공장더불어
편집 김보경
교정 김수미
디자인·일러스트 전지영
인쇄 정원문화인쇄

책공장더불어

주소 서울시 종로구 혜화동 5-23
대표전화 02-766-8406
팩스 02-766-8407
이메일 animalbook@naver.com
홈페이지 http://blog.naver.com/animalbook
출판등록 2004년 8월 26일 제300-2004-143호

ISBN 978-89-97137-15-2 (13520)

* 잘못된 책은 바꾸어 드립니다.
* 값은 뒤표지에 있습니다.